ALTA COLOMBIA

EL ESPLENDOR DE LA MONTAÑA

Dirección, diseño y edición
BENJAMIN VILLEGAS

Fotografía
CRISTOBAL VON ROTHKIRCH

Texto introductorio
JUAN PABLO RUIZ

Textos capítulos
CARLOS MAURICIO VEGA

Asistentes de campo
GINA MARCELA JIMENEZ
ROBERTO ARIANO L. DE N.

Villegas
editores

Libro creado, desarrollado y editado en Colombia por
© VILLEGAS EDITORES 1996
Avenida 82 No. 11-50, Interior 3. Conmutador 616 1788.
Fax 616 0073, Bogotá, Colombia.

© Derechos fotográficos
CRISTOBAL VON ROTHKIRCH

Diagramación
MERCEDES CEDEÑO

Supervisión cartográfica
MARCELO ARBELAEZ

Cartografía
CESAR ZARATE

Revisión de estilo
STELLA DE FEFERBAUM

Primera edición, noviembre de 1996

ISBN 958-9393-22-5

El editor agradece muy especialmente a
CADENALCO
el patrocinio institucional
de la primera edición de esta obra.

AGRADECIMIENTOS
El autor agradece a Gladys Bonilla, Carlos Alberto Duque, Daniel Uribe,
Miguel Santiago Tascón, Mariela y Fanny Valdivieso, Alvaro José Negret, Leonardo Quirá,
Carlos Valderrama, Omaira Mendiola, Carlos Alberto Villegas, Grace Andrea Montoya,
Eduardo Ariano y Fidel Anzola por su generosa y espontánea colaboración.
Hace un reconocimiento muy especial al alpinista Juan Fernando Gaviria
sin cuyo apoyo este libro no hubiese sido posible. A Doña Telse von Rothkirch, cuyo
estímulo le permite seguir andando por los caminos de la libertad,
y a los compañeros de expediciones, Roberto Ariano, incansable hombre de la montaña,
y Marcela Jiménez, compañera de viaje y vida.

Carátula, Ritacuba Blanco. Sierra Nevada del Cocuy, Boyacá.
Contracarátula, Laguna de Los Patos. Sierra Nevada del Cocuy, Boyacá.
Páginas 2/3, Cordillera Central, Caldas.
Páginas 4/5, Cordillera Central, Tolima.
Páginas 6/7, Vertiente suroccidental, Sierrra Nevada del Cocuy, Boyacá.
Página 8, Glaciar noroccidental, Nevado del Huila.
Página 12, Valle lunar. Nevado del Ruiz, Caldas.

CONTENIDO

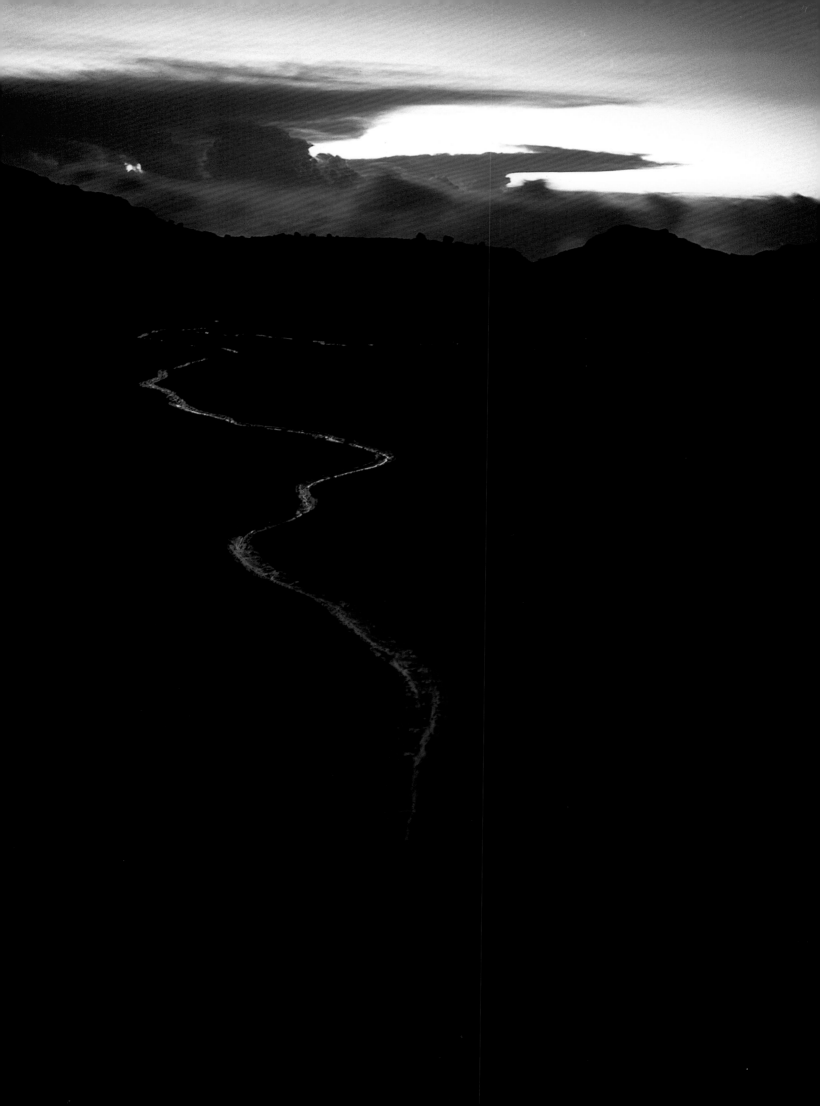

EN EL ÁMBITO de la tierra hay formas antiguas, formas incorruptibles y eternas; cualquiera de ellas podía ser el símbolo buscado. Una montaña podía ser la palabra del dios, o un río o el imperio o la configuración de los astros. Pero en el curso de los siglos las montañas se allanan y el camino de un río suele desviarse y los imperios conocen mutaciones y estragos y la figura de los astros varía. En el firmamento hay mudanza. La montaña y la estrella son individuos y los individuos caducan. Busqué algo más tenaz, más vulnerable. Pensé en las generaciones de los cereales, de los pastos, de los pájaros, de los hombres. Quizá en mi cara estuviera escrita la magia, quizá yo mismo fuera el fin de mi busca.

JORGE LUIS BORGES
La escritura del Dios

PRESENTACION

L A PRESENTE OBRA no es solamente el producto de los 18 meses de viaje que Cristóbal Von Rothkirch realizó con éste fin a los grandes macizos de la Alta Montaña Colombiana, sino el resultado de un proceso de años de escalada en el mundo y de amor por la montaña. Quizás el origen del libro se remonta a la expedición colombiana de 1986 al monte Manaslu en el Himalaya Central, en la cual el autor participó al lado de otros siete montañistas colombianos y de la cual, pese a no haber logrado el tenaz propósito de alcanzar la cumbre, derivaron múltiples enseñanzas y un gran deseo por desarrollar proyectos montañísticos de gran envergadura en la cordillera de los Andes.

Fue así como Cristóbal von Rothkirch con Juan Pablo Ruiz, autor de la presentación del libro y eminente ambientalista, conformaron a finales de 1987 uno de los más sobresalientes equipos de escaladores que haya tenido el país y planearon una de las aventuras modernas más extensas y difíciles dentro del territorio nacional, bajo el rótulo de "Glaciares y volcanes de Colombia". El esfuerzo, que duró siete años, permitió a estos dos alpinistas alcanzar las cumbres de 60 de las principales montañas del país, no obstante las vicisitudes y reveses. Esta ya larga trayectoria y el conocimiento suficiente le permitieron al autor plantearle al editor el apoyo para realizar una expedición de montaña, con énfasis en su propio registro fotográfico de las más importantes y hermosas cumbres colombianas. El fruto es este libro.

"Alta Colombia, el esplendor de la montaña", recorre con imágenes de extraordinaria belleza el territorio colombiano ubicado entre los 3.000 y los 5.775 metros de altura sobre el nivel del mar, en un ascenso que comienza en los últimos asentamientos humanos sobre la montaña, atraviesa los bosques de niebla, se interna en los páramos, asciende al territorio de los superpáramos que el calentamiento de la tierra y el proceso de descongelación de los glaciares hacen cada vez más inmensos y solitarios, y llega a las nieves perpetuas y a las cumbres con las cuales la gran cordillera de los Andes se corona en la parte septentrional de Suramérica. Es la tierra del origen del agua y de la vida, con su fauna, su flora y sus paisajes sorprendentes, que describe en tono vivencial el escritor, periodista y también montañista Carlos Mauricio Vega, y que resume el espíritu borgiano de la búsqueda personal y el entendimiento de la escritura de Dios que éste libro simboliza, y descubre al mundo otra parte de la inmensa riqueza natural de Colombia.

BENJAMIN VILLEGAS

Laguna De Los Témpanos. Sierra Nevada del Cocuy, Boyacá.

INTRODUCCION

Juan Pablo Ruiz Soto

Las fotografías de la "Alta Colombia" que presenta Cristóbal von Rothkirch, ilustran el arte y la magia del autor y del tema. La integración entre este hombre y el escenario natural en el cual ha pasado parte importante de su vida, nos invitan a abstraernos y a globalizar, a pensar en la alta montaña como lugar sagrado, como expresión de imponentes y positivas fuerzas de la naturaleza, y como soporte de nuestra vida. Por ello, esta introducción se remonta a tiempos geológicos, a la formación de los paisajes naturales, para llegar, finalmente, a nosotros, ciudadanos del mundo que tenemos relaciones, posibilidades y responsabilidades con los espacios naturales y sociales de la alta montaña.

Las montañas son referente obligado de todas las culturas. Su estrecha relación con el ser humano se explica tanto por aspectos espirituales y culturales, como por razones fisiográficas y ecológicas que condicionan de forma significativa la evolución de la especie humana sobre la tierra. Sin las montañas todo sería plano.

Las montañas, su significado e impacto no son uniformes. La alta montaña significa una elevación muy diversa en la geografía mundial, pero siempre es el límite superior, el punto más alto y, por ello, lugar de observación, meditación y comprensión para humanos o dioses.

El origen de las imponentes cimas que sumergen en éxtasis contemplativo nuestro espíritu, está relacionado con choques de placas en la corteza terrestre. Después, los vientos, los glaciares, los volcanes y los ríos, labran y modifican su forma. Vistas así, las montañas son hechos físicos de gran magnitud.

Los cambios de elevación implican cambios rápidos e importantes de temperatura en la superficie de la corteza terrestre. La temperatura y el clima son dos factores destacados para entender el porqué de la gran diversidad en la cobertura vegetal y el poblamiento faunístico de las montañas.

Como señala el meteorólogo Albert Baumgartner en "Clima de Montaña y Gradación de Alturas", los climas están determinados por lo que se llama el gradiente térmico. En promedio, podemos decir que cada vez que ascendemos 1.000 m., la temperatura desciende entre 5° C y 10° C y las precipitaciones aumentan 70 cm. Cada piso altitudinal tiene su propio régimen de calor, humedad, radiación solar, presión y densidad del aire. El nivel de adaptación y evolución de las distintas especies, explica la diversidad de plantas y animales en los diversos pisos térmicos.

En la alta montaña, la combinación de frío y viento define la apariencia y estructura de sus ecosistemas. Predominan allí la vegetación de baja altura y las formas entrelazadas como estrategia de adaptación a condiciones extremas. Las plantas de estos ecosistemas son de lento crecimiento. Por ello su capacidad de recuperación ante fenómenos de alteración demanda mucho tiempo, agravando la fragilidad general que las caracteriza. La fauna también debe adaptarse a las condiciones climáticas. Los mamíferos se cubren de piel espesa y, en algunos

Valle central y pico El Castillo. Sierra Nevada del Cocuy, Boyacá.

casos, deben ser ágiles trepadores. Por sus atributos y comportamiento, las aves que habitan la alta montaña han sido referente mítico en muy diversas culturas.

En su libro "Montañas Sagradas del Mundo", el historiador Edwin Bernbaum afirma que en todos los continentes y para muchas culturas, las montañas son lugares de referencia mítica. "Como lo más alto y dramático de las características del paisaje natural, las montañas tienen un extraordinario poder para evocar lo sagrado", señala al comienzo. Si empezamos por Asia, el continente que exhibe las mayores cimas del mundo, este poder se manifiesta en múltiples lugares del Himalaya. Su propio nombre tiene origen religioso. Himalaya es un dios hindú, padre de Parvati, la esposa de Shiva. En el continente más poblado del mundo, para el budismo, el hinduísmo, el jainismo, el sikhismo y el bon en la tradición tibetana, las altas cumbres del Himalaya son el lugar predilecto de los dioses y el escenario de las prácticas espirituales de los humanos. El Chomolungma, Sagarmatha o monte Everest para los occidentales, es también un lugar mítico para montañistas y ciudadanos de Occidente. En las cercanías del Everest, para los sherpas, el monte sagrado e inexpugnable es el Khumbila, pico que, por su carácter, ningún sherpa se atrevería a escalar. Monte sagrado por excelencia para más de 500 millones de seres humanos, es el Kailas, en el Tibet, sobre la cadena montañosa del Himalaya y origen de cuatro ríos importantes: Hindú, Brahmaputra, Sutlej y Karnali.

Pero no sólo los picos nevados del Himalaya son lugares sacros en Asia. En Japón, según la Universidad de Sophia, hay más de 354 montañas mayores consagradas e innumerables menores. Entre todas sobresale el monte Fuji, cuyo significado se vincula con el fuego y su historia de erupciones.

En el Medio Oriente, los montes están asociados con el cristianismo y el judaísmo. El monte Sinaí, lugar de la más importante alianza entre Dios y el pueblo de Israel, con los Diez Mandamientos. El monte de los Olivos con la fe cristiana. El monte Sión, en la sacrosanta ciudad de Jerusalén, con la tradición hebrea. En Europa, el monte Olimpo fue considerado por los griegos morada de Zeus.

El Kenia y el Kilimanjaro, las mayores elevaciones africanas, han representado lugares sagrados para los kikuyos y los chagga, respectivamente. Los macizos de Ahaggar y Tibesti también han sido vinculados con sus divinidades por otras comunidades del mismo continente.

En Hawai, según la mitología maorí, la vida surgió del Hikuranki. Cuando los Maorí llegaron a Nueva Zelandia, denominaron las elevaciones montes Hikurankis e identificaron algunas montañas como cuerpos petrificados de sus dioses. En su cultura existe la práctica de dejar caer los huesos de algunas personalidades en las grietas profundas de los picos nevados. Al colonizar el norte de Hawai, los polinesios también sacralizaron sus montañas, designándolas como legendario paraíso de sus dioses.

Aunque en Norteamérica los migrantes anglosajones no atribuyeron significado religioso a las montañas, para los nativos un coloso pétreo, como el McKinley o el Denali, representa una ola de roca que, en el caso de los Koyukon, explica la relación de sus dioses con el agua y la reproducción de la vida sobre la tierra. Función semejante cumplen el San Elías, la segunda elevación de Norteamérica (5.488,8 m.) y el monte Rainier, "La Montaña" para los habitantes de Seattle, en el Estado de Washington, Estados Unidos, en cuyos casquetes glaciales, según ellos, habitan los espíritus. De otra parte, el valle de Yosemite y sus montañas son el santuario de la escalada moderna en esta parte del mundo.

En América Central y Suramérica, las referencias de montañas sagradas, tanto entre grupos aborígenes extintos como vivos, son múltiples. Tenochtitlán, la capital azteca, hoy Ciudad de México, estaba en la montaña. En Tlaloc (4.500 m.), montaña consagrada al dios de la lluvia y las tormentas, perviven aún las ruinas de un templo que estuvo dedicado a su culto. Y, aunque de las montañas venía la lluvia, también de ellas podían descender la enfermedad y las calamidades. Los Aztecas ofrecían sacrificios humanos a los dioses de las cimas nevadas del Popocatepetl y el Iztaccihuatl. Las pirámides repiten o prolongan en sus pináculos la referencia a las cimas como espacio predilecto de los dioses.

En Suramérica, los Andes, la cadena montañosa más extensa del planeta (8.534 Km), bordea la Costa Pacífica. Allí se encuentra el Chimborazo, la montaña más alta del mundo, tomando como referencia el centro de la Tierra. En el extremo norte de Suramérica se halla el Chundúa, que abarca los picos nevados de la Sierra Nevada de Santa Marta o Citurna para los indígenas (5.800 m.) donde, según la tradición de los Tairona y los Kogui, está el origen y centro del universo. La génesis de esta creencia se entiende cuando se asciende a sus picos. Desde un balcón natural al norte del Chundúa, al borde de una pared de más de 500 m. de altura, resguardados por lagunas que señalan el Oriente y Occidente, se divisa el mar Caribe. Sólo allí, acariciados por el viento de la sierra, observando la redondez de la tierra y maravillados por el espectáculo geográfico, se puede sentir cómo el mito nos invade y palpita al filo de la realidad.

Citurna es la montaña intertropical más alta del mundo en vecindad de un litoral. Por estos días (1996), el acceso a Citurna está cerrado para los hermanos menores, como nos denominan, pues Koguis, Arhuacos y Arsarios se sienten agredidos por la profanación de sus lagunas y sus cimas por parte de la cultura occidental que, sin comprender la dimensión mítica, ataca su espacio vital y les niega el inalienable derecho a la autodeterminación. El Chundúa, en la cima de Citurna, es un lugar sagrado con plena vigencia cultural.

Para los Uwa, la Sierra Nevada del Cocuy, al nororiente de Colombia, es el lugar de las deidades, las lagunas su útero y el bosque su piel. Si continuamos hacia el sur de nuestro país, encontramos innumerables montañas de carácter ceremonial o sagrado.

Laguna De Los Témpanos. Sierra Nevada del Cocuy, Boyacá.

Y más al sur del continente americano, los escaladores chilenos Bión González y Juan Harseim encontraron, en 1952, vestigios del sitio arqueológico más alto del mundo, un templo inca en la cima del monte Llullaillaco (6.723 m.), entre Chile y Argentina. Arqueólogos y montañistas han identificado más de 100 sitios incas por encima de los 5.000 m. de altura, al sur de Cuzco, la capital del imperio Inca, iniciando lo que podríamos denominar arqueología de alta montaña. En esta zona, de muy baja humedad, la línea de nieves perpetuas está muy arriba, permitiendo alcanzar las altas cumbres sin dificultad técnica.

Casi todos los hallazgos arqueológicos de alta montaña han sido sitios ceremoniales o lugares de "pagamento". En 1954, un escalador encontró en el cerro El Plomo, cerca de Santiago de Chile, a 5.430 m., el cuerpo de un niño inca de ocho años que, en traje de ceremonia y sacrificio, permanecía conservado por el hielo. Casos similares se han presentado luego en El Toro (6.386 m.) y en Quehar (6.097,8 m.), en Argentina, donde también se han encontrado ofrendas humanas a los dioses de las montañas, al parecer en petición de lluvia y buenas cosechas. En 1958, cerca del lago Titicaca, en Bolivia, se reportó el último sacrificio humano destinado a solicitar favores de los dioses. No obstante, en la Isla del Sol, en el mismo lago, todavía se realizan frecuentes sacrificios de animales para pedir lluvias o evitar las sequías.

Desde épocas precolombinas, Ausangate, cerca a Cuzco, ha sido considerada morada de dioses. En las fiestas anuales del Cuzco, en las que se mezclan creencias incas y cristianas, se realizan grandes peregrinajes a la base de la montaña. Al amparo del cerro tutelar, se elevan cantos y se ejecutan danzas que representan el ascenso de algunos espíritus de las selvas bajas para interactuar con las deidades de las alturas. Y a menos de 93 Km de allí, espléndida y misteriosa, surge entre la bruma del tiempo la ciudad de Machu-Picchu, centro ceremonial de los Incas, cuya ubicación parece estar determinada por Paumasillo, Salcantay, Verónica y Ausangate, cuatro picos nevados, guardianes vegetales, que celosamente la protegen.

El Fiztroy y el Cerro Torre, dos de las paredes más difíciles de escalar en el mundo, tienen, según los Araucanos, un origen mítico. El cai cai, una serpiente maligna, intentó, mediante inundaciones, eliminar la raza humana; pero una serpiente amiga salvó a algunos seres en las partes altas de las montañas. Cai cai, sin embargo, convirtió sus cuerpos en los dos cerros de difícil acceso.

Esta reseña nos demuestra cómo la grandeza física de las montañas ha suscitado imágenes demiúrgicas en todos los tiempos y continentes, y cómo sólo de manera reciente, y en algunas culturas occidentales, se ha perdido el entendimiento de la estrecha relación que existe entre la vida sobre el planeta y la necesaria conservación y respeto por Pacha Mamma, la madre tierra.

Desde el punto de vista geológico, los Andes se pueden dividir en tres grandes secciones. Los Andes meridionales, una estrecha cordillera que abraza a

Cresta occidental. Pico Tulio Ospina. Sierra Nevada de Santa Marta, Magdalena.

22

Chile y Argentina. En la amplia meseta del altiplano boliviano, a unos 38° de latitud sur, se desprenden los Andes centrales hasta el norte del Ecuador. Allí, en Pasto, en el extremo sur de Colombia, inician su ascenso los Andes septentrionales, tres grandes ramales que fenecen cerca a la costa norte del país (vertientes occidental y central) y en Venezuela (vertiente oriental)

Para el profesor Thomas Van der Hammen, desde el mioceno hubo montañas en la zona climática del bosque andino, pero el levantamiento hasta alcanzar la altura actual sólo ocurrió entre cinco y tres millones de años antes de nuestra era. La alta montaña colombiana se formó como un archipiélago de clima frío, rodeado de climas templados y cálidos. La fuerza de la tectónica de placas dio al trópico el privilegio de disfrutar de todos los climas y generar así condiciones para el desarrollo de habitat muy diversos.

Desde la formación del istmo de Panamá, hace cinco o seis millones de años, entre el plioceno tardío y el pleistoceno temprano, se conectaron las dos grandes regiones biogeográficas de Norte y Sur América, hasta entonces aisladas y diferenciadas. Tres floras y faunas distintas –la suramericana patagónica, la suramericana tropical y la norteamericana– que competían por la ocupación de las tierras altas, poblaron paulatinamente las montañas colombianas, mediante procesos de evolución y adaptación.

En el cuaternario, hace 2.5 millones de años, se presentaron períodos glaciales e interglaciales y cambios climáticos menores. En la época glacial, la temperatura promedio era 8° C menor que ahora. Este fenómeno favoreció la extensión de los glaciares y un descenso del límite altitudinal del bosque hasta 1.300 m.s.n.m. La zona fría se amplió, se incrementaron las inmigraciones y con ello la biodiversidad en la alta montaña. En las fases interglaciales, la temperatura pudo elevarse hasta 2° C por encima de la actual.

Cabe señalar que atravesamos por un período interglacial. Tal situación implica, desde la dimensión y dinámica de los tiempos geológicos, una época de retroceso natural de los glaciares. Según Flórez, el área total de glaciar en Colombia es de 85 Km^2, mientras que en la última glaciación se cubrieron 17.109 Km^2 y en la pequeña edad glacial 374 Km^2.

En Colombia, para pasar a términos más comprensibles, la línea de nieves perpetuas ha subido cerca de 500 m. en los últimos 140 años. El calentamiento global, consecuencia del incremento en los niveles de CO_2 y la deforestación, explican la aceleración del retroceso de los glaciares en los últimos 20 años. Según previsión de J.D. Pabón, para el año 2030, aproximadamente, se podría estar dando un incremento de 2° C ó 3 °C en la atmósfera que, según las tendencias actuales, definidas por actividad antrópicas, tendría, entre otros múltiples efectos, la desaparición de los glaciares colombianos y el ascenso altitudinal del páramo y el bosque de niebla. El acelerado cambio climático hará imposible la adaptación de muchas especies a la mi-

Laguna Naboba. Sierra Nevada de Santa Marta, Magdalena.

gración altitudinal y provocará un serio deterioro de los ecosistemas de alta montaña.

En términos del poblamiento florístico de la alta montaña, los primeros registros se ubican de cuatro a seis millones de años antes del presente. Dado el carácter septentrional de la región andina colombiana, ésta desempeña un importante papel en el desarrollo de la competencia biogeográfica que originó las actuales flora y fauna de los Andes. En Colombia se encuentra flora y fauna que se desplazó por corredores biológicos, tanto desde el sur como desde el norte de América.

Como área geográfica, a partir del factor topográfico, la franja inferior o bosque alto andino sube hasta los 3.300-3.400 m.; el páramo bajo o subpáramo entre los 3.300-3.600 m.; el páramo entre 3.600-4.100 m. y el superpáramo entre 4.100-4.600 m.

La segunda división se define por los niveles de agua en el sustrato y por la fisiografía que generan complejos zonales y azonales, donde los azonales en la región corresponden a los de mayor contenido de agua en el suelo. Un tercer factor que genera una nueva división tiene que ver con niveles anuales de precipitación. Esta clasificación establece tipos de ambiente: secos, semisecos, húmedos y muy húmedos. La combinación de esos factores, sumados a otros de origen antrópico, genera un gran mosaico de ecosistemas de alta montaña en el país.

En las zonas de páramo hay cuatro tipos de vegetación frecuente: matorrales o vegetación arbustiva, pajonales o vegetación herbácea, frailejonales o vegetación con un estrato arbustivo emergente, prados o vegetación con predominio del estrato rasante o, en algunos casos, con un estrato herbáceo en cobertura. Desde luego, es frecuente encontrar combinaciones entre los diversos tipos de vegetación. La intervención antrópica ha ampliado la frontera del páramo hacia abajo, y ha reemplazado el bosque alto andino por extensos y homogéneos pajonales.

El bosque nublado de Colombia merece mención especial. No es accidental, como decía Alwyn Gentry, que cuando los novelistas tratan de crear ambientes de otros mundos, vuelvan su mirada hacia los bosques de niebla en busca de inspiración. Más que cualquier otra manifestación de vida sobre la tierra, el bosque de niebla es el que evoca con mayor viveza la imagen de extrañas dimensiones en el espacio y en el tiempo. Al describir su vegetación, este autor señala: "Muchos de los grandes árboles se descomponen en heterogéneas asociaciones de plantas estranguladoras, hemiepífitas leñosas, lianas trepadoras y epífitas diversas". A esto hay que añadir las espesas capas de musgo y líquenes que cubren troncos y ramas, y que al caminar nos obligan a hundirnos en materia orgánica. En este colchón vegetal, maravillosa interfase aire-tierra, se desarrolla gran actividad de pequeños organismos anfibios y reptiles que caracterizan el bosque nublado.

Arenales del Ruiz. Parque Nacional de Los Nevados, Caldas.

En los bosques de niebla, la sola medida del agua lluvia resulta engañosa, pues buena parte del agua disponible proviene de la niebla y la condensación. Según Jaime Cavelier, la importancia de la neblina como fuente de agua en los bosques montanos tropicales aumenta en la medida en que disminuyen las precipitaciones en forma de lluvia. Se estima que en el bosque alto andino, un 8.1 por ciento de la precipitación en forma de lluvia alcanza el suelo del bosque, el resto queda en la vegetación o se evapora.

Los bosques andinos, que abarcan sólo el 0.2 por ciento, constituyen el hábitat del 6.3 por ciento de todas las especies de aves del planeta, hecho que indica su importancia orbital. La alta montaña en los trópicos es, por excelencia, el lugar de arribo de las aves migratorias. Análisis al respecto determinan que el bosque nublado de la vertiente occidental de esta misma cordillera colombiana es el área de mayor concentración de endemismos o presencia de especies únicas que viven exclusivamente en áreas específicas de América del Sur.

En medio de un gran desconocimiento, avanza implacable la destrucción de la flora y la fauna de los bosques altoandinos. Mientras el botánico Alwyn Gentry señala que cerca de la mitad de las especies del bosque nublado aún no ha sido clasificada, y el biólogo Bernardo Ortiz subraya con preocupación que el 90 por ciento del bosque montano ya se destruyó, Germán Andrade hace una afirmación que debe alertar y crear conciencia en los ciudadanos del mundo: estamos pasando rápidamente de la megadiversidad a la megaextinción. Esta serie de preocupaciones obliga a reorientar los esfuerzos de los proyectos de conservación de los ecosistemas. No sólo es necesario preocuparse de la cobertura vegetal, sino también de la fauna mayor y menor que la habita.

En la medida en que aumenta el frío, disminuye el número de especies adaptadas y aumenta el endemismo. Para Bernardo Ortiz, por ejemplo, de los anfibios que habitan por encima de los 2.500 m., el 98,6 por ciento son endémicos. Los murciélagos son un grupo muy sensible a las bajas temperaturas. Sólo un 10 a 15 por ciento de las especies registradas en Colombia visita las zonas frías.

Las montañas tropicales, a diferencia de las de zonas templadas, son el lugar predilecto para la habitación del "Homo sapiens". El antropólogo Carlos Castaño calcula que entre los 1.500 y los 3.000 m.s.n.m. se establecieron el 35 por ciento de las etnias y comunidades indígenas prehispánicas, el 38 por ciento de la población criolla durante la colonia y el 58 por ciento de los asentamientos rurales y urbanos de la Colombia actual.

La familia macrolingüística chibcha, que predominó en la habitación de la alta montaña colombiana, manejaba la agricultura intensiva de ladera. A diferencia de los grupos amazónicos, no utilizaba la técnica de tala y quema sino la de corte y cubierta, método relacionado, sin duda, con las características topográficas de sus áreas de cultivo.

Picos Sin Nombre y La Aguja. Sierra Nevada del Cocuy, Boyacá.

29

La llegada de los españoles acentuó el uso de las laderas andinas, tierras más gratas y saludables por su clima primaveral. En las montañas se encontraban los grupos indígenas más desarrollados que fueron sometidos y pasaron a servir a los conquistadores. Los pequeños policultivos practicados por los indígenas fueron abandonados y el español impuso el monocultivo extensivo. Dentro de los cultivos nativos que desde la Colonia empezaron a desplazar el bosque alto andino y luego los ecosistemas naturales del páramo, está la papa, domesticada por los indígenas más de 5.000 años atrás. Se calcula que existen no menos de 580 especies silvestres y cerca de 5.000 variedades distintas del tubérculo. De manos de los antioqueños se avanzó en la colonización y destrucción del bosque nublado, mientras los cundiboyacenses son protagonistas principales de la extensión de los cultivos de papa y la posterior potrerización del páramo.

La quema para propósitos de ganadería extensiva y cultivo de papa es la forma de intervención antrópica que más viene afectando los ecosistemas de páramo en la alta montaña colombiana. La papa, el haba, el trigo y la cebada son cultivos frecuentes en áreas de páramo. Según los investigadores Francisco González y Felipe Cárdenas, la intervención antrópica en algunas zonas de páramo se inicia desde épocas prehispánicas, pero se intensifica en los últimos 50 años, generando vastas praderas en el piso altitudinal que por naturaleza corresponde a los ecosistemas de páramo. La contribución a la producción agropecuaria, resultante de estas praderas, es muy pobre, pues la capacidad de carga es de una tercera parte con relación a las tierras de aptitud ganadera.

Entre los efectos negativos del uso del páramo para producción directa, Andrés Etter y Orlando Vargas señalan la homogenización de la vegetación con predominio de pajonales y pérdida de la diversidad biótica, la reducción de la fauna por pérdida de fuentes alimenticias y lugares de refugio, el aumento de la escorrentía, la pérdida de la capacidad de regulación hídrica y la aparición o aceleración de procesos erosivos. Además, la introducción de ganado en el ecosistema transforma la estructura del suelo, afecta la capacidad de absorción y retención de agua, conduce a la extinción de especies de flora nativa e introduce especies que entran a competir con las nativas.

La siembra de papa erradica la cobertura vegetal nativa, favorece la pérdida de suelo y afecta la vida silvestre por el uso de plaguicidas y otros agroquímicos. Las fábricas de aguas, como llamaba el geógrafo Ernesto Guhl a los páramos, desaparecen al modificar la estructura y dinámica de sus ecosistemas naturales. Algunas plantas de páramo pueden retener hasta 40 veces su peso en agua, según estima el ecólogo Jorge Hernández,

En el caso del bosque nublado, la situación no es menos alarmante. Algunos modelos de simulación, según evidencia Cavelier, muestran cómo la

Pico Pan de Azúcar y Púlpito del Diablo. Sierra Nevada del Cocuy, Boyacá.

30

conversión del bosque nublado en áreas de pastizales, aumenta la temperatura del aire en 2,5°C y la del suelo en 3,5°C; reduce la evaporación entre el 20 y el 50 por ciento, disminuye la precipitación entre el 20 y el 26 por ciento e incrementa la época de sequía. Al disminuir la cobertura vegetal, aumenta la escorrentía y con ello la pérdida de suelo, situación que genera inundaciones en las partes bajas de las cuencas hidrográficas en épocas de lluvias, y sequías en los períodos de menor precipitación, con efectos económicos, sociales y ecológicos aún no cuantificados.

En un país que ocupa el cuarto lugar del mundo en la disponibilidad per cápita de agua dulce, esta riqueza se ha convertido en un recurso paradójico. Deforestadas sus cumbres, el alto nivel de precipitación se convierte en una amenaza para los pobladores ribereños y agricultores de zonas bajas. Cada año, centenares de familias ven su porvenir enterrado bajo marejadas de lodo. Cuando amaina el diluvio de desgracias, el problema empeora: cada vez las sequías son más intensas y más prolongadas. Nos morimos de sed sobre nuestro propio tesoro. La Evaluación de Conservación de Ecorregiones de América Latina y el Caribe adelantada por un grupo de expertos, liderados por The World Wildlife Fund y el Banco Mundial, en 1995, clasifica los bosques altos andinos colombianos como de interés global, condición crítica y alta prioridad de conservación, entre todos los bosques húmedos de Latinoamérica. La conservación de nuestros páramos y bosques de niebla es vital para nosotros los colombianos, tan estrechamente ligados al ciclo vital de las montañas tropicales, como también para el resto de la humanidad, dada su riqueza biodiversa y su potencial de aprovechamiento y beneficio futuro.

Lo argumentado en este escrito evidencia la importancia de los ecosistemas naturales de alta montaña en el pasado, presente y futuro de la vida local y global, su aporte al proceso regulador del comportamiento hídrico de nuestras cuencas y su importante efecto sobre el resto del país en el control de la erosión de suelo y los deslizamientos en masa en épocas de alta precipitación o intensas sequías. Factores estos que limitan la adecuada utilización del agua en la producción agropecuaria e inciden en el bienestar social de los colombianos.

Por la riqueza y diversidad de su fauna y flora, por la oferta natural con que ha contribuido a la alimentación, al uso medicinal y la satisfacción de necesidades mítico-religiosas, por la importancia creciente que para los seres humanos cobra el paisaje de montaña como fenómeno natural, como paraíso de la biodiversidad, como espacio natural y sagrado por su condición de santuario de los nacimientos de agua y como lugar de expansión del espíritu, en una sociedad cada vez más sedienta, congestionada y aplanada en los valles de la vida urbana, la capacidad de negociación nacional para el aprovechamiento global de la biodiversidad debe generar importantes dividendos tanto a comunidades locales como al pueblo colombiano en general.

Nevado del Huila.

Es absurdo, entonces, que estemos destruyendo nuestro ecosistema de alta montaña. El sentido común se opone a nuestra realidad. Una realidad que avanza firme hacia la destrucción de lo poco que aún queda de los ecosistemas naturales de bosque nublado y páramo. Algo falta en nuestro análisis para comprender esta paradoja: la lógica de la destrucción. Una lógica que, lejos de ser irracional, nos demuestra la pobre capacidad de comprensión y gestión de quienes argumentamos en favor de la conservación.

Los actores directos de la destrucción –aparentemente los únicos responsables– son quienes dependen de la transformación de los ecosistemas de alta montaña. Quien arrasa mediante quemas sistemáticas el ecosistema natural de páramo y lo convierte en pajonales simples, de baja productividad ganadera, no es un ignorante, es un profundo conocedor del páramo, de sus virtudes y de los positivos efectos de su conservación sobre el resto de la sociedad. Pero, como actor vital, se encuentra ante la disyuntiva: si quema, destruye el páramo; si no quema, el beneficio social se alcanzará a costa suya, de su familia y de sus parientes próximos.

Aún es tiempo de hacer conservación preventiva en algunos lugares y combinarla con gestión curativa en otros. Eso sí, cada día es más costoso. Paradójicamente, la conservación no depende del habitante del páramo, sino del habitante de la ciudad y de su entendimiento de las interrelaciones globales como ser social y como actor de responsabilidad individual. El reto es la generación de instrumentos de planificación y gestión ambiental que permitan conservar y generar posibilidades sociales de beneficio para el habitante del páramo. Una fórmula que comprometa al ciudadano común que recibe el acueducto en su casa, al productor agropecuario que riega plantíos en los valles, al industrial manufacturero que usa el agua en sus procesos productivos, al turista desprevenido que aprovecha las montañas como espacios de recreación y vida, en fin, a toda la trama social con el pago de sobretasas para la conservación. Mientras esto no se logre, las propuestas para salvar la sagrada montaña no pasarán de ser un ejercicio pedagógico e improductivo y un intento de gestión burocrática ineficiente.

Como ciudadanos del mundo, es nuestra responsabilidad pensar globalmente y contribuir a la identificación y ejecución de mecanismos de transferencia de recursos financieros para la conservación y recuperación de los ecosistemas de alta montaña. No podemos pretender que el habitante del páramo piense globalmente y sufra localmente.

Si no tomamos conciencia de nuestra responsabilidad, si no actuamos ahora, los paisajes capturados por el lente mágico de Cristóbal von Rothkirch, empalidecerán, se perderán muchas de sus especies, se secarán y cuartearán sus suelos, hasta transformarse en fotografías artísticas que demanden la defensa de la *Alta Colombia*. De nosotros depende que este fabuloso volumen, que hoy publica Benjamín Villegas, no se convierta, por falta de estrategia colectiva, en una extraña versión orográfica del retrato de Dorian Gray.

Laguna Verde. Volcán Azufral, Nariño. / Páginas siguientes, Pico norte Nevado del Huila.

LOS PUEBLOS

Carlos Mauricio Vega

Nabusímake, El Cocuy, Toez, Las Juntas: pueblos distantes y distintos, pero unidos por la vecindad de la gran montaña. Pueblos silenciosos, de puertas cerradas, que sólo se animan en los días de mercado, o al amanecer cuando suena el cuerno de caza de los buses en los valles.

Las poblaciones situadas en las bases de las altas montañas están marcadas por el espíritu que emana de esas alturas. Se podría decir que el carácter de la región está dado por los accidentes geográficos derivados de esa montaña y su decantamiento cultural. Así el Tolima, así el Quindío, así el Huila, todas palabras relacionadas con las montañas nevadas de la región, con los dioses de los pueblos guerreros que ostentaron los nombres, las virtudes y los poderes de la masa omnipotente que, de tarde en tarde, cada tantos siglos, vomitaba fuego y arrasaba valles.

En Güicán son famosas las historias de monterías de venados que iban hasta las vertientes del llano y las alturas previas a los glaciares y las lagunas heladas de los cuatro mil metros, donde los venados se metían, desesperados ante el acoso. Jornadas de caza en la alta montaña. También son famosos los cuentos de curaciones con hielo de glaciar transportado a lomo de mula, y las rutas de escape de los tunebos ante la persecución del español. Rutas que no eran otra cosa que primitivas y asombrosas escaladas.

Allí –como en Andes, Antioquia, o en Jenesano, Boyacá, pueblos sin gran montaña, pero enclavados entre el monte– hay siempre el mismo billar desvencijado, las mismas oficinas de flota donde un empleado despacha arrogante como si se tratara del propietario de una aerolínea; la misma gallera melancólica, los mismos fuegos de artificio cada tantos meses, el mismo alcalde acorralado por los manzanillos del concejo, los mismos policías atrincherados, la misma guerrilla cansada y amancebada con el Estado como una vieja prostituta con su chulo.

En Suesca y, en general, en el altiplano cundiboyacense, el campesino cree que los escaladores están allí por alguna secreta razón de búsqueda arqueológica o geológica. "Petróleo o tesoros", les indica su lógica, alimentada por siglos de expoliación.

En Pasto se recuerda al Galeras por su resplandor rojizo, por su tremor, por su cercanía, por su falda entretejida de parcelas. En Nariño, y también en Ecuador, son tradicionales las romerías para obtener hielo. O azufre.

En la Sierra de Santa Marta, las poblaciones como Nabusímake o Atanquez son apenas lugares de estación para encuentros políticos o religiosos de los indígenas kogui. Los ríos son cursos sagrados que el montañista violenta al cruzarlos; también falta a la religión el guía kogui. Cuanto más alto sea el río, más grave la falta. Allá, en el punto más alto, la conjunción de los picos Colón

Volcán Cumbal. Túquerres, Nariño. / Túquerres, Nariño.

El Espino, Boyacá.

El Espino, Boyacá.

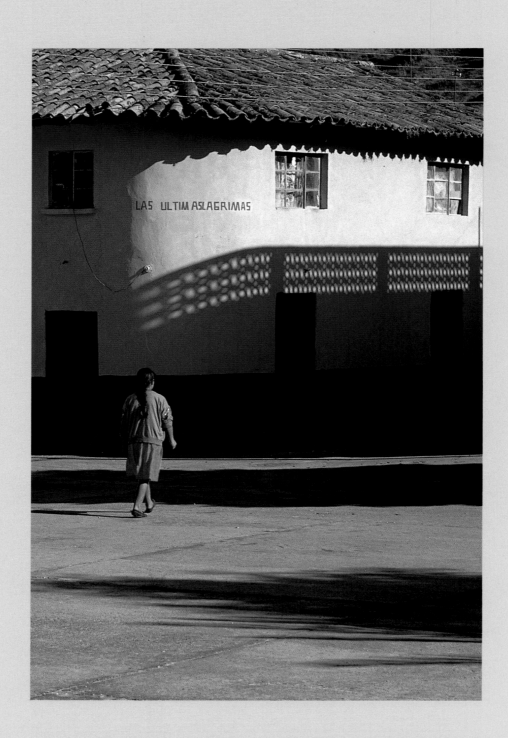

Panqueba, Boyacá. / Guaitarilla, Nariño.

46

Coconucos, Cauca.

Cumbal, Nariño. / Volcán Galeras, Nariño.

Güicán, Boyacá.

Sierra Nevada de Santa Marta, Cesar.

Güicán, Boyacá.

Imués, Nariño.

Taminaca, Magdalena.

Taminaca, Magdalena. / Páginas siguientes, Nabusímake, Cesar.

EL BOSQUE ANDINO

EL PÁRAMO tiene su metáfora arbórea en el bosque de niebla o bosque de altura. Inmediatamente inferior al páramo, el bosque de niebla colombiano ha recibido el peor golpe de parte del narcotráfico, que en menos de diez años lo ha depredado mucho más que el proceso colonizador de cuatro siglos. El bosque de niebla, el lugar más poético e inverosímil de la montaña colombiana, el más rico y el más importante, está en vías de desaparición. Con él morirán también los páramos y los glaciares y los ríos que alimenta con sus nubes. Y tras su huida languidecerán los valles que hay más abajo y que habitamos sin conocer ni reconocer de dónde les vienen las aguas prístinas que hicieron de Colombia uno de los países con la hidrografía más rica del mundo. Vienen del páramo, del bosque de niebla, del glaciar que no conocemos y cuya situación y tamaño ignoramos hasta el día en que nos arrasa con una avalancha. Avalancha que podemos atribuir a una erupción, pero que las más de las veces se debe a la tala y a la erosión provocada por el hombre en esas cuencas de reciente existencia y frágil equilibrio.

CUENTAN LAS CRÓNICAS de los navegantes de las Indias, y las memorias de quienes han osado seguir sus estelas en sobrevuelos rasantes, que su primera visión de la Tierra Firme, más allá del collar de las Antillas, fue la de una montaña nevada flotando sobre la nada en el horizonte marino. Era la Sierra Nevada de Santa Marta, universo sagrado de los tairones, isla montañosa entre las ciénagas y los desiertos del trópico, que todavía hoy, cinco siglos después, permanece sin domeñar.

Ignoraban ellos –e ignoramos nosotros– que esos conos de hielo levitando sobre el Caribe verdoso, coronan la masa montañosa más alta del mundo al pie del mar. De hecho, se trata de la mayor altura del planeta en términos relativos, pues se eleva del nivel del mar hasta casi seis mil metros a lo largo de un trayecto horizontal de 25 kilómetros. Montañas como el Aconcagua o los picos del Karakorum en el Himalaya, los más altos del planeta, se levantan como pirámides sobre plataformas muy altas. Pero ninguna surge a pico del mar. ¿Quién podrá jactarse, como los pescadores de perlas de Tasajera, de que han visto la cumbre del pico Colón, a seis kilómetros sobre sus cabezas, mientras bucean en el espejo de la Ciénaga?

LA APROXIMACIÓN a las grandes montañas se caracteriza por la extrema belleza de las travesías. Así el Karakorum en Pakistán, así la región del Simplón en Francia. Las montañas de Colombia no son la excepción. Las altas cumbres de los macizos colombianos son, por lo general, la nota extrema de una desmesurada expresión geológica y biológica. La región volcánica muestra cadencias de valles y vertientes creadas y fertilizadas por cadenas de conos de cuatro y cinco mil metros de altura que han avanzado sobre sí mismas, formando la cordillera. La región sedimentaria, Cordillera Central, exhibe las huellas de tor-turados plegamientos rocosos y de antiquísimos procesos glaciales. Los altos Andes, sorprendentes por la suavidad de sus formas, se rompen de repente en cañones de profundidad inusitada, por cuyo fondo boscoso corren rugientes los ríos de origen glacial. Así el Cataca, que nace en las lagunas sagradas de Naboba, baja por el valle de Mamancanaca y se precipita a las planicies de Aracataca y Fundación. Así el río Nevado, que cae al Chicamocha llevando licuado en su vientre el glaciar del Ritacuba Blanco. Y así el propio Magdalena, del que cuentan las crónicas que arrastraba témpanos luego de las erupciones del Ruiz o Mesa de Herveo. Y era a orillas del río, y no por obra del circo de gitanos de José Arcadio Buendía sino del volcán, donde los pescadores de Ambalema y Honda conocían el asombro del hielo.

En Murillo y en Villamaría son famosos los ronquidos del Ruiz y del Tolima, volcanes que ensanchan las quebradas y las impregnan de azufre y que dejan los techos de las casas doblados bajo toneladas de ceniza. Los flujos de lodo y el terrible aspecto de los arenales y del superpáramo anterior a los volcanes, hace de la escalada una actividad poco comprensible. Los fríos de la montaña sólo se enfrentan, en estas culturas, al cruzar la cordillera con una recua de mulas, o al haber tenido que padecer, en una juventud lejana, la bajada de Manizales a Mariquita en el antiguo cable aéreo, colgados de una góndola de carga y bor-deando los arenales del Ruiz a cincuenta metros de altura.

A pesar de la reiterada presencia de la montaña en el paisaje colombia-no, podría decirse que no hay una cultura de la montaña como la hay en los Alpes suizos o los Himalayas nepaleses. Para el colombiano medio, la montaña es la encarnación de la soledad y del peligro, el "monte", sinónimo de lo salvaje que hay que derribar y cultivar, las alturas, equivalente de lejanía e inhabitabilidad. Las ciudades han consumido los valles; son pocas las que tie-nen barrios en las alturas y pocos los habitantes que aprecian la vista como no sea desde un rascacielos. El colombiano está de espaldas a sus montañas y, en general, a su propio paisaje y a su país. Las montañas son celajes que dominan el paisaje, no lugares para explorar y conocer. La cultura de la montaña que se encuentra en Colombia es la del arriero antioqueño, la del cultivador de café, la del colono que tumba monte para hacer fincas. No es la cultura del explora-dor, ni la del conservador de bosques, ni la del guía. Insatisfechos de nuestro propio paisaje, de nuestro bosque andino, queremos arrasar las montañas para repletarlas de pinos europeos. Compramos postales y calendarios alpinos que a veces encuentran acogida en las tiendas de Juntas, al pie del Nevado del Tolima, o en Salento, en las faldas del Quindío, o en la Casa del Cisne, a la vista del anciano dormido del volcán Santa Isabel.

Parque Nacional Puracé, Cauca.

Cuenca del río Verdún, Huila.

Alto río Quindío. / Reserva natural Acaime, Quindío.

El Tablazo, Cundinamarca. / Reserva natural Acaime, Quindío.

EL PARAMO

PARECEN MUCHOS. Pero los 64 picos nevados que se encuentran repartidos en dos Sierras y dos cadenas volcánicas colombianas son en realidad la excepción de una ley, la de los páramos. En efecto, las montañas de Colombia se caracterizan por la presencia generalizada del páramo como piso térmico propio. Es el páramo la culminación natural del bosque de niebla, el origen del agua en todo el país y el remate geológico habitual de sus montañas. Los páramos constituyen un cinturón definido, un piso térmico que recorre miles de kilómetros a lo largo de las tres cordilleras, los dos macizos y las cinco sierras y serranías independientes que conforman el sistema orográfico del país.

La aparición del superpáramo y del glaciar en Colombia implica alturas superiores a los 4.000 m., alturas que resultan excepcionales en nuestro medio. Hay que viajar mucho y muy lejos para encontrarlas. Sin embargo, ahí están, a 25 kilómetros en línea recta desde Ibagué, o 42 desde Santa Marta. Tan distantes para sus habitantes como si estuvieran en otro planeta. Y es que, en efecto, se trata de otro planeta, en términos de cultura. El colombiano medio vive de espaldas a su paisaje, a sus montañas, a su país.

EL PÁRAMO severo se hace aún más adusto en el invierno, cuando las nubes se asientan sobre los copos de los encenillos y avanzan calladamente hasta arroparlo y ocultarlo todo con su vellón.

Los niños han salido a recoger el ganado. Afuera azota la llovizna, indeclinable. Se empapan los gorros de lana pero se mantiene la alegría. Criados a 4.000 m., no hay secretos en su triscar por la ladera. Regresan con el crepúsculo, las manos moradas y el diente golpeando con el diente. En la cocina, hecha con troncos de frailejón y sellada con humo, resuena el balero. Las risas llegan con el sancocho campesino, de habas, papa y algo de hueso de chivo.

Afuera las nieblas siguen su callada procesión, y en los collados de los picos solitarios, el viento tamiza la fina nevada.

CON EL BUEN TIEMPO, el páramo se muda en vergel. Del severo pajonal que parecía surgen mil detalles vegetales. Los pantanos cambian según el sol les pegue; los bosques de encenillos y de rojos "polylepis", nacidos al abrigo de las enormes rocas partidas por la gelifracción, se muestran poéticos y coloridos cuando poco antes sólo exhibían raquíticos palos azotados por la ventisca.

El páramo, como un templo, se presta para el recogimiento. Impone y exige respeto y silencio. El profundo verde oscuro de sus copas se mimetiza con el del pajonal. Aun sobre los 4.000 m., el menor refugio contra la ventisca propicia el nacimiento de una comunidad de esos batallones vegetales del páramo. La morrena, compuesta a veces de bloques del tamaño de casas, a veces de fino polvo donde el montañista se zambulle como esquiando, muere en estos últimos bosques de los 4.000 m. y anuncia el superpáramo.

Los páramos son el lugar común de nuestras altas montañas; los nevados, su excepción. Los páramos son el espíritu de los Andes colombianos. Poseemos la mayor extensión de páramos del mundo. Para entender estas afirmaciones, que generalmente se atribuyen a mentes calenturientas o a orgullos provincianos, definamos páramos como tierras altas del cinturón tropical; no como las "highlands" escocesas, ni como la puna peruana.

Es frecuente reconocer la huella del trabajo glacial en los circos que forman la laguna de páramo, en los meandros de los valles de las partes altas de los ríos, en las cimas rocosas, en las cuestas formadas por millones de toneladas de material de arrastre transportado por la cola del glaciar. Pero el paisaje de las altas montañas colombianas tiene más que ver con la severidad de la tundra canadiense, con el espíritu recogido del "highlander" escocés, que con el vértigo de los picos alpinos. Por supuesto que este vértigo se encuentra si uno se adentra en los valles secretos de la Sierra de Santa Marta o del Cocuy, incluso en los abismos de Iguaque, Chingaza o Pisba; pero el lugar común es la altura serena y ominosa del verde oliva lúgubre pero hermoso que vemos en el Sumapaz, en Guantiva, en Ocetá, en Salento.

Los páramos desempeñan un papel fundamental en la generación hídrica del país y en su equilibrio biológico. Sus suelos, extraordinariamente ácidos e infértiles, no son apropiados para la agricultura. La escena, cada vez más frecuente, del ganado metido en cotas cercanas a los 4.000 m., o de los páramos convertidos en extensos sembrados de papa, es funesta para nuestras corrientes de agua. El suelo del páramo permite el crecimiento de especies vegetales de raíces superficiales, pero de tejido espeso. El pajonal del páramo, su musgo, sus bosques ralos y sus pantanos, actúan como bancos de agua que a manera de esponjas la almacenan hasta que por escorrentía forman pequeñas quebradas, los nacimientos de otros tantos ríos.

El páramo es además constante laboratorio biológico para especies endémicas. Los halcones, los búhos, las águilas y, por supuesto, los cóndores alternan sus dominios con osos de anteojos, con ciervos y borugos y comadrejas y toda clase de lagartos, batracios e insectos. La noche es el tiempo de la caza y de la supervivencia en el páramo.

En la compenetración con las montañas se establecen afectos con determinados lugares, vínculos esenciales. Aquel vallecito de difícil acceso al costado de la laguna de Los Témpanos, sus coloridos pantanales y la cascada que durante la mañana refleja siempre un arco iris. Los gigantescos monolitos entre los cuales crecen protegidos los frailejones. La piedra que acercamos como asiento sigue ahí, donde la dejamos, años atrás. Y es que algo de nosotros se queda siempre allí, en ese páramo secreto, ese algo que como un eco nos seguirá llamando toda la vida.

Páginas siguientes, Laguna El Tigre. Sierra Nevada del Cocuy, Boyacá.

Parque Nacional Puracé, Cauca.

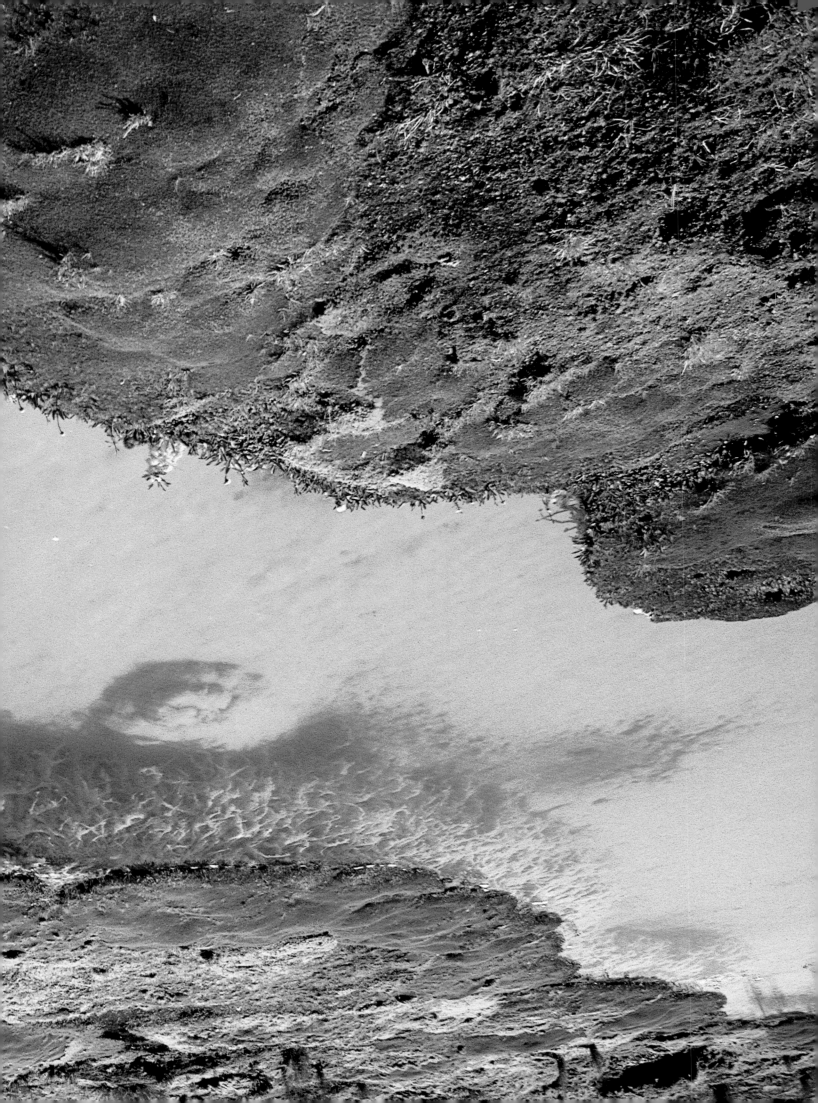

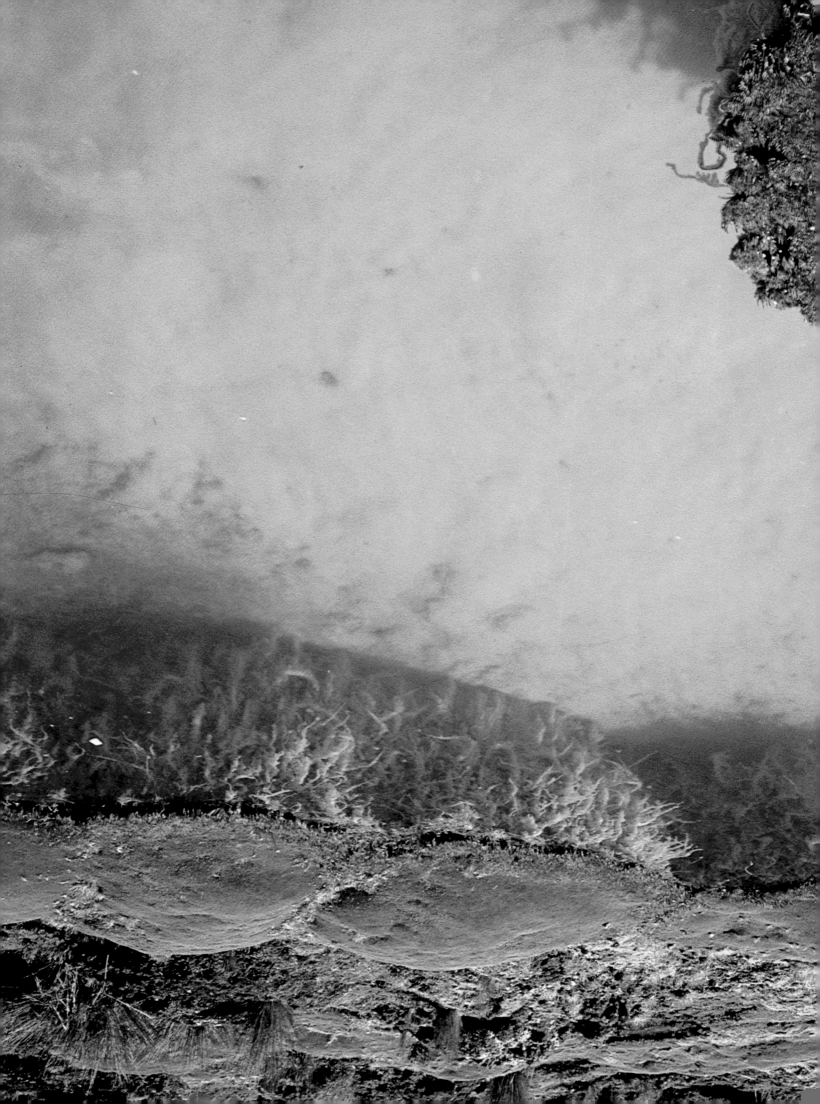

Termales de San Juan. Parque Nacional Puracé, Cauca.

EL SUPERPARAMO

Toda la tecnología y el sofisma de diseño que hay en un morral moderno mueren cuando lo cinchan como bulto de papas y lo cuelgan del arzón de una silla caballuna y lo trincan con nudos sabios y antiguos que los montañistas desconocemos, y cuando oímos con horror cómo cruje allá adentro el estuche para huevos que se trajo del "Vieux Campeur".

Las mulas, como en tiempo de Erwin Kraus, y como hoy y como siempre, llegan tarde. Se soltó la manea y ellas con los belfos abrieron el broche del potrero. Cualquier cosa puede haber sucedido, que el niño que se ha enviado a traerlas se perdiera. El hecho es que son ya las nueve de la mañana y nada.

Y si el mulero es nuevo, las posibilidades pueden ser inquietantes. Que sólo conozca el camino al glaciar o a las lagunas de oídas y crea que es muy fácil de encontrar, que de antemano sepa que va a dejarlo tirado a uno a mitad de camino, que uno conozca el camino pero él decida ignorarlo, que nos perdamos ambos, o, lo más probable, que todo ello ocurra a la vez.

Y si uno es nuevo, peor. A la hora de pagar descubre que la tarifa discutida es por día de mula, más día de guía. Y hay que considerarse afortunado si el mulero se compadece y no nos cobra también el regreso de las mulas vacías más el guía sin oficio.

Pero si uno conoce al mulero y es un montañés de buena ley, jamás lo dejará abandonado, así tenga que pasar la noche con uno. Nos habrá salvado la vida un par de veces, o habrá de hacerlo en algún momento; habrá rescatado un compañero con esguince, habrá avisado de la guerrilla, habrá compartido con uno el magro pan y la cocina de frailejones. Sin escapatoria, la navaja suiza, el preciado mosquetón, se quedarán allí. Pero con gusto.

A los 4.000 m., el aliento de las mulas se suspende por instantes, como una muerte chiquita. Uno no se explica cómo remontan el roquedal con esas cargas, serpeando entre las cornisas como cabras. Las imprecaciones del mulero, el viento en el boquerón, la presencia lejana del glaciar, le dan al viaje una pincelada de pasado. Así debieron ser las travesías del Quindío y del Llano hace cien años.

El mulero se toma una sopa, nos da un abrazo y se pierde con las bestias entre la niebla. Estamos solos en la alta montaña. La jornada de mañana será eterna y dura. Entre el roquedal, mirando el abismo y la laguna, buscamos una peña bruñida por el antiguo glaciar para levantar la carpa.

Cae la noche. El ritual de recoger el agua, de cepillarse los dientes bajo esas estrellas absurdas por abundantes. La carpa azotada por el viento. La amable estufa que nos calienta el alma y las salchichas, la velita que tiembla con el tremor de los postes. El frágil refugio, visto desde afuera, es como un templo, como un nido sutil en medio de la montaña severa.

A lo lejos, brillando en la noche, el glaciar espera.

Aveces, en Chingaza, al pie de Bogotá, o en el volcán de Chiles, compartido con Ecuador, o en las cercanías de la laguna de Naboba, frente a Chundúa –picos Colón y Bolívar–, lo invade a uno cierta sensación fantasmal, la presencia de alguien que nos observa, y a quien no podemos descubrir. Un leve siseo nos hace levantar la mirada. Lento, como estacionado en el aire, el cóndor pasea sus tres metros de envergadura sobre nosotros. Casi podemos contar sus plumas. No ataca, porque no es rapaz; sus dedos de gallina denuncian el parentesco. Pero es astuto y nos pone la trampa del miedo, como se la ha puesto a los rebaños por miles de años. Busca confundirnos, perdernos, conducirnos al despeñadero y picotearnos en la sima. Como al mediodía de un enero de 1985 cuando nos sorprendió en el Ojeda, en la Sierra de Santa Marta, a 5.500 m., volando con la suficiencia del maestro y la curiosidad del joven cazador.

Es bello. Severo. Noble. Como la montaña.

Es el final del día y ya no se avanzó más. Ni siquiera se asoman las benditas morrenas. Aquí hay un bosquecito insólito, desafiante entre las oquedades, a más de 4.000 m. Hay leña seca que otro viviente tuvo la precaución de dejar y hasta un cerquillo de piedras para cortar el viento. Nos quedamos. Sale la carpa de su refugio, algo tibia por la espalda que la portó. Luchamos con el viento un rato hasta colocarle las varillas, los vientos, las estacas. En segundos la temperatura cae a menos diez; antes de ocultarse el sol estaba por los más trece. Con una mano entre la boca para soplar los dedos dormidos y maniobrando con la otra, logramos terminar el campamento. El espacio se ha modificado.

La sopa, los pocos trapos secos que nos queden, el plumón, las medias limpias. Placeres sencillos, como el agua pura. Alguien logra prender un fuego amable. Ronda de anécdotas, mientras se nos arde la cara y se nos congela el trasero. La noche del superpáramo es soberbia. No hay silencio, pero sus rumores traen paz. El campamento es tan perfecto que quisiéramos irnos y dejarlo así.

Es hora del parqués.

Hemos caminado once o doce horas durante nuestra ardua jornada de cumbre. El diálogo con la montaña ha sido impecable, como un vuelo a pie. De regreso al campamento, con el sentimiento sosegado de haberse entregado íntegro al juego feliz y arriesgado, con el humeante pocillo de café calentando el cuenco de las manos, el pensamiento súbitamente se detiene. También el tiempo. Alrededor el mundo es piedra y cielo. Perpetuidades. Nada más. Las palabras se hacen superfluas. Entre ese mundo sempiterno, detenido, roca desnuda y bóveda celeste, nosotros somos.

Páginas siguientes, Lagunas Sagradas. Sierra Nevada de Santa Marta, Magdalena.

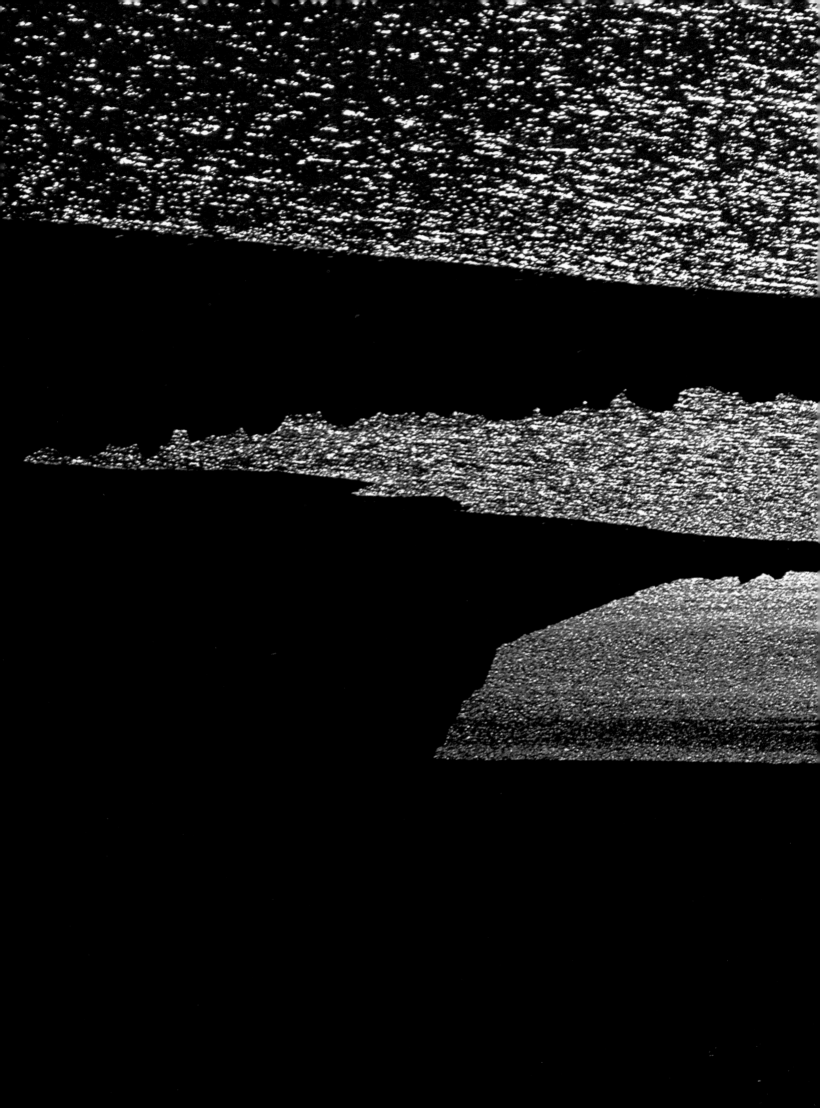

Sierra Nevada del Cocuy, Boyacá. / Páginas siguientes, Lagunas de Achucuarepa. Sierra Nevada de Santa Marta, Magdalena.

Laguna Sin Nombre. Sierra Nevada del Cocuy, Boyacá. / Las Lajas. Sierra Nevada del Cocuy, Boyacá.

Rana Karri Kerri. Sierra Nevada de Santa Marta, Magdalena. / Picos Picacho y Puntiagudo. Sierra Nevada del Cocuy, Boyacá.

LOS NEVADOS

Dentro de la extensa orografía colombiana los glaciares son, pues, la excepción. No siempre fue así, sin embargo. Huellas de circos glaciares, de placas tectónicas talladas por el peso de los hielos, de cañones compuestos por sucesiones de mesetas perfectas como escaleras, nos atestiguan el cercano paso de los glaciares por las tierras que hoy habitamos.

Aun en las goteras de Bogotá, dentro del Distrito Capital, cuyo absurdo trazado abarca el páramo de Sumapaz, el más grande del mundo, hubo hasta 1917 un glaciar: el del cerro Nevado, que se levanta a 4.300 m. sobre el mar, a menos de 100 kilómetros de Bogotá. Este glaciar, pequeño resto de los que debieron cubrir las altas cumbres y los valles llenos de lagunas del Sumapaz, se resquebrajó y se cayó en el famoso terremoto de ese año.

Erwin Kraus escaló este pico menos de veinte años después de haber caído el glaciar y recogió la tradición oral y las memorias sobre este fenómeno que los bogotanos siempre han ignorado ¿A quién le importa? ¿A quién le interesa la belleza del Cerro del Gorro en Chingaza, la imponencia de su sierra dentada, sus cascadas que transcurren entre jardines floridos del páramo, los venados que aún quedan, los cóndores que todavía sobreviven allí, el paraíso de truchas sin pescar de la laguna sagrada? La caída del glaciar del Cerro Nevado en 1917 no deja de ser alegórica. Muy pronto, a la vuelta de dos generaciones, los glaciares serán también un recuerdo del que este libro, de alguna manera, es testimonio excepcional.

Es difícil hablar de ellos porque hoy son y mañana no. Del nevero perpetuo que conoció el geógrafo y escritor Manuel Ancízar en el Cocuy de 1870, de los témpanos flotantes en las lagunas que fotografió Erwin Kraus en 1940, quedan apenas las huellas de sus morrenas, esas enormes jorobas de polvo y roca, como de brontosaurio multiplicado por mil, y que no son sino el material que el glaciar movió en sus avances y retrocesos a lo largo de los eones. Esos orgullosos glaciares de 200 m. de grueso han retrocedido hoy 3 ó 4 kilómetros. Sus lagunas se alimentan de su deshielo, desde luego, pero las más de las veces por canales subterráneos. Muchos antiguos picos nevados, como el Portales en el Cocuy, el Cisne en Caldas, el Ojeda en la Sierra de Santa Marta, son hoy apenas calveros rocosos. Otros, como el Pan de Azúcar cocuyano, han dejado asomar feroces frentes de piedra entre el manto glaciar y prefiguran su desnudo futuro.

Diez años, tal vez quince, en los que hemos recorrido estas montañas tres o cuatro veces, nos han permitido percibir a simple vista el retroceso. Diez años: una nada, una brizna, un nanosegundo en la vida geológica. Es absurdo que en el curso de una vida humana, a lo sumo de dos (la de Erwin Kraus y las nuestras), sea posible contemplar un fenómeno geológico de magnitud tal como el de la desaparición de los glaciares.

Los picos de hielo adelgazan entre una visita y otra; las faldas de los glaciares retroceden casi que a ojos vistas. A veces un pico pierde su altura y su carac-

Páginas anteriores, El Valle Secreto. Sierra Nevada del Cocuy, Boyacá.

152

terística original, como el bello Ritacuba Negro, orgullo de nuestras montañas, que vio caer su copete de 40 m. de hielo en un enorme alud, 800 m. más abajo. Veo el atardecer sobre las rocas de la laguna de La Plaza y miro el termómetro: + 5°. Tal vez no debamos sentir tanto dolor ante este fenómeno. Tal vez somos muy afortunados, porque tal vez estamos asistiendo al final de un milenio que coincide con el final de una glaciación. Es una lotería de la eternidad; basta con leer a nuestros pies la roca plegada y torturada por el peso de centenares de miles de toneladas de hielo, para poder imaginar hasta dónde llegarán las lenguas glaciales dentro de diez mil años. ¿Hasta los 2.000 m.?

Ya los glaciares intactos, como el del Nevado del Huila, nos enseñan que en el trópico la masa de hielo puede llegar hasta el límite del bosque, a los 3.900 m. Quedan algunos glaciares que todavía palpitan y se mueven como tales: el del pico La Reina en Santa Marta, los que se sumergen en los bosques vírgenes del Nevado del Huila, aquel del pico El Castillo en el Cocuy, que no recibe mucho sol por su posición, y se recuesta, todavía, contra los contrafuertes orientales de la Sierra.

Nos tocó al tiempo el fin del milenio y el de nuestros glaciares. Las fotografías de este libro, a la vuelta de cincuenta años, serán el testimonio de una realidad irrepetible, como las que Erwin Kraus tomó en los años treinta de algunos de estos mismos lugares. Que sirvan, pues, de testimonio y, también, de lección.

Desde lo alto del Pan de Azúcar, el azul de La Plaza detiene el aliento. Por su breve desagüe descienden las primeras aguas que compondrán el río Ariari. Viendo el deshielo de los cerros de La Plaza, 70% en menos de quince años, sentimos que el destino de esta laguna, la más bella de Colombia, es el de una muerte lenta y próxima, cuando el glaciar termine de derretirse. Nos consuela ver que el glaciar colgante del Pan hacia La Plaza todavía está vivo. Corto, pero vivo.

Desde abajo nos acosa la gasa gris de las nubes de lluvia. También el calor. Todo el mundo cree que los glaciares son lugares fríos. Esto es cierto en la noche o con nubes. Pero no hay lugar más caluroso que un glaciar por la cantidad de luz y calor que refleja e irradia. Hay que quitarse el pasamontañas, la chaqueta. Se suda a chorros, entre el calor despiadado de esta atmósfera llena de ultravioletas y el reflejo asesino del blanco. Así, el buen tiempo exagerado es una trampa que achicharra al montañista y lo hace sudar hasta la deshidratación. Le afloja la nieve, acentuando el cansancio de las piernas que se entierran en las profundas huellas de los compañeros. Le debilita, como hojas secas, los puentes sobre las grietas.

¡Que vivan los buenos descensos sobre huellas frescas y duras, entre la niebla!

Páginas siguientes, Picos Ijka y La Reina. Sierra Nevada de Santa Marta, Magdalena.

Pico San Pablín Sur. Sierra Nevada del Cocuy, Boyacá. / Picos Sin Nombre. Sierra Nevada del Cocuy, Boyacá.

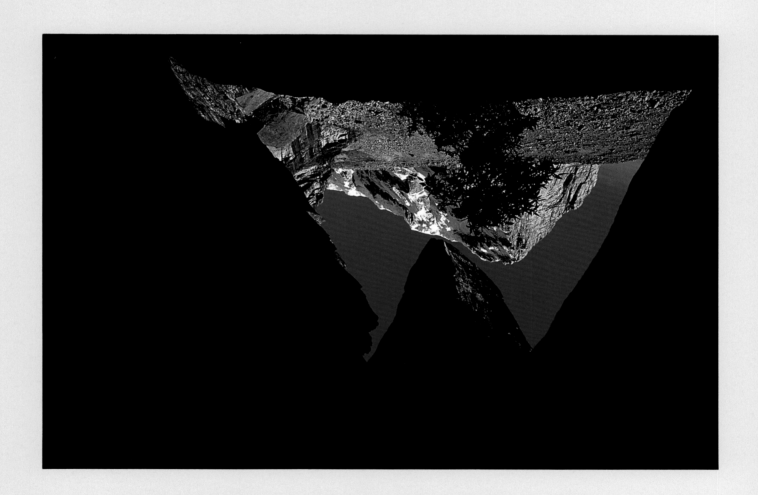

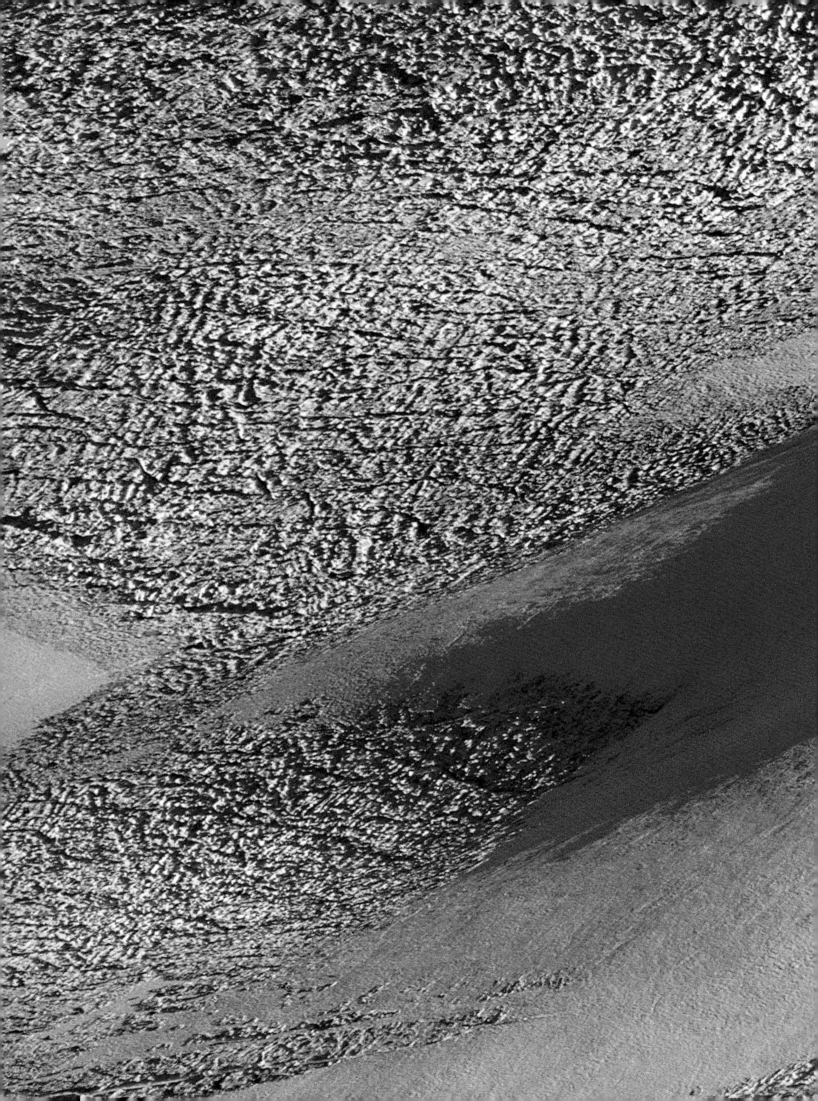

Nevado del Tolima, Parque Nacional de los Nevados.

Pico Central. Nevado del Huila. / Páginas siguientes, Cráter de La Olleta. Nevado del Ruiz, Caldas.

Púlpito del Diablo. Sierra Nevada del Cocuy. Boyacá.

Pico Ojeda. Sierra Nevada de Santa Marta. / Páginas siguientes, Picos Colón, Bolívar y Simmonds. Sierra Nevada de Santa Marta, Magdalena.

179

Glaciar de El Picacho. Sierra Nevada del Cocuy, Boyacá.

Pico El Picacho. Sierra Nevada del Cocuy, Boyacá. / *Páginas siguientes, Pico Ritacuba Blanco. Sierra Nevada del Cocuy, Boyacá.*

Nevado del Ruiz, Caldas.

Nevado del Ruiz, Caldas. / Páginas siguientes, Glaciar Sur Oriental, Pico Bolívar. Sierra Nevada de Santa Marta, Magdalena.

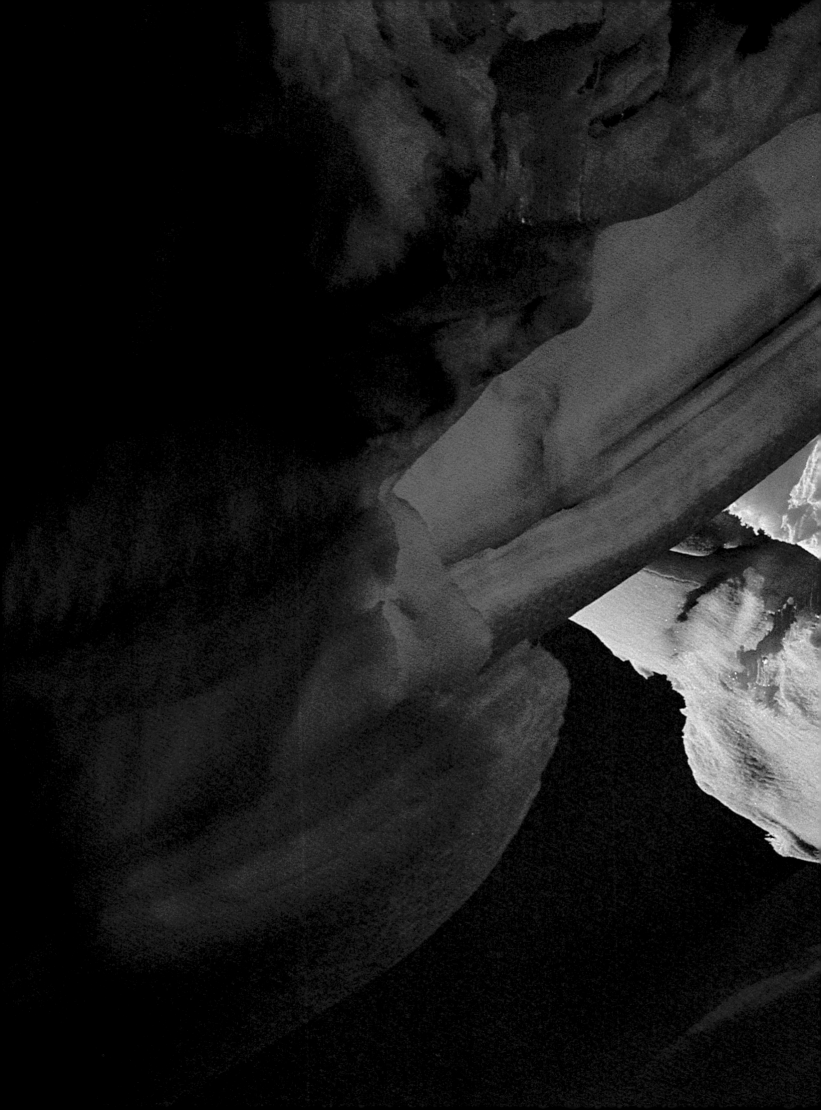

Pico El Guardián. Sierra Nevada de Santa Marta, Magdalena.

Nevado del Tolima. / *Páginas siguientes*, Pico El Guardián. Sierra Nevada de Santa Marta, Magdalena.

LA MONTAÑA Y EL HOMBRE

Congelada, la sobrecarpa cruje. El viento pega en el termómetro a -15° C. Adentro, la burbuja de aire a 18° C nos sostiene vivos, semidesnudos y jocosos.

En pocas horas las cosas serán a otro precio. Antes de que despunte el sol habrá que estar uniformados, enjaezados como caballos de tiro con arneses y polainas y crampones y mosquetones y nudos "prusik" y cintas y tornillos de hielo que nos cuelgan de la cintura.

A las cinco de la mañana la nieve cruje como cartón bajo las botas, a las diez de la mañana se nos irán las piernas hasta la rodilla. Hay que aprender a leer el glaciar, a entenderlo, a resumirlo en nuestra mente y a formular un juicio de valor en diversos términos: solidez de los puentes de hielo sobre las grietas; identificación de los cambios de rasante para saber dónde hay, sin duda alguna, más grietas; calidad de la nieve y probabilidad de un alud de placa.

Hay más factores para evaluar: cuánto durará el buen tiempo, cuál es la distancia a la cumbre. ¿Habrá pasos rocosos? ¿Qué dificultad tendrán? El zigzag que desde abajo vimos claro entre los "séracs" se nos pierde ahora que estamos en medio de las grietas. ¿Izquierda, derecha? ¿Qué pensará mi compañero de cordada, diez metros más allá, mientras puntea? Los desacuerdos son fatales. El cielo azul, el ampo del glaciar, la clara y distinta ruta, nos hacen sentir seguros en este mundo de límites. Límites con el cielo, con la temperatura, con la gravedad, con la propia mente. Límites con la vida.

Unas pequeñas nubes aparecen sobre el collado que nos comunica con los cañones de la otra vertiente. Hay polillas en el glaciar. Algunas revolotean, otras caen y su calor cava rápidamente una pequeña fosa de la que serán exhumadas a picotazos por este pájaro negro, pequeño y picudo que se aventura con nosotros por aquí arriba, en este sitio tan bello como inhóspito.

Un tirón de la cuerda me saca del ensimismamiento. Mi compañero blasfema, furibundo. Tiene medio cuerpo entre la nieve blanda que cubre un puente de nieve. Hay que concentrarse más.

En la alta montaña, elevados sobre todo y sobre todos, los asuntos terrenos parecen menores, irrelevantes, relativos, temporales, frente a la sensación de eternidad de estos lugares. Lo único que importa, aparte de sobrevivir, es la contemplación.

Asiste al montañista un falso sentimiento de superioridad, peligrosísimo. El dice ser humilde en su pequeñez y temporalidad frente a la montaña, pero en realidad se siente mejor que el resto del género humano. Por su capacidad de sufrimiento en estas condiciones rigurosas, por su capacidad técnica para superar obstáculos impensables, por las hazañas de resistencia física que ejecuta y por los escenarios que le es dado ver. Y tiende a volverse críptico, a ocultarse. ¡Trampa, error, falacia! ¡Hay que contarlo todo!

Es virtualmente imposible –también inútil– contestar la pregunta de por qué subir una montaña. Porque está ahí, dice una famosa respuesta. Pero hay algo más. Tal vez Occidente perdió en algún vericueto cultural, a lo largo de los dos últimos milenios, el contacto corpóreo del hombre con el mundo. Nos aislamos de la realidad mediante símbolos que nos permitieron interpretarla, codificarla, recordarla, transmitirla. Pero esos códigos se interpusieron entre nosotros y el mundo real, hasta convertirnos en cerebros instalados en cuerpos sentados.

De allí tal vez provenga la necesidad del deporte. El montañismo niega ser competitivo y, sin embargo, es el que más tortura a un hombre cuando se trata de alcanzar una meta. Va más allá de los demás deportes porque confronta a quien lo practica con los abismos de la muerte y de la eternidad, con los misterios de la vida y la belleza. "En la montaña hay que ser rápido", decía Peter Habeler, refiriéndose a la necesidad de tomar la decisión correcta, en el momento preciso y con la necesaria celeridad de ejecución para sobrevivir. Esa norma sagrada, que en la montaña vale una vida, se traslada a la vida cotidiana de Occidente. La solidaridad de la cordada, la mutua dependencia, la serenidad y la audacia, el peligro eludido o adecuadamente conjurado, son metáforas de la vida que forjan el carácter. O, tal vez, sea al contrario: nuestra vida urbana es una metáfora de la vida real, de los peligros físicos absolutos que hay allá en la montaña. Cuando se está a punto de iniciar un "rappel", cuando hay que efectuar acertadamente un paso en el que nos va la vida, todos los elementos superfluos desaparecen. Sólo quedan nítidos los perfiles de la mujer, de la hija, si se tienen, y entonces se desea que todo haya pasado para regresar.

A gritos nos enfrentamos desde la cima de dos morrenas. Apenas nos entendemos. No importa. La ira es enorme y hay que descargarla. ¿Por qué se fue sin esperarme? ¿Por qué no terminó el morral a tiempo? ¿Por qué cambió de ruta? ¿Por qué no siguió los hombrecitos de piedra, tan claros?

La niebla nos había envuelto mientras estábamos solos, buscándonos. A veces oíamos el oooéééé del compañero, rebotando en las paredes de roca. Nos desgañitamos, pero él tampoco nos escuchaba. Perdimos la ruta. La roca gris, engañosa, la orilla de la laguna, la dificultad de remontar para tener más dominio sobre el terreno, todo nos ha engañado. ¿Qué hacer entre el ir y venir? Esperar y, en todo caso, ir hacia arriba y no hacia abajo. Hacia el desagüe de la laguna, hacia algún punto de encuentro lógico en medio de la inmensidad. El asunto es manejable hasta que el día avanza y cada vez resulta más nítido que dependemos el uno del otro, y se hace más clara, también, la advertencia de los libros sobre las cordadas de dos escaladores.

Finalmente, nos avistamos desde las cumbres de dos morrenas, como náufragos en crestas de olas. Y, en medio de la ira, el abrazo.

Páginas siguientes, Nevado del Ruiz. Parque Nacional de Los Nevados, Caldas.

Pico El Castillo. Sierra Nevada del Cocuy, Boyacá. / Ascenso al Pico La Reina. Sierra Nevada de Santa Marta, Magdalena.

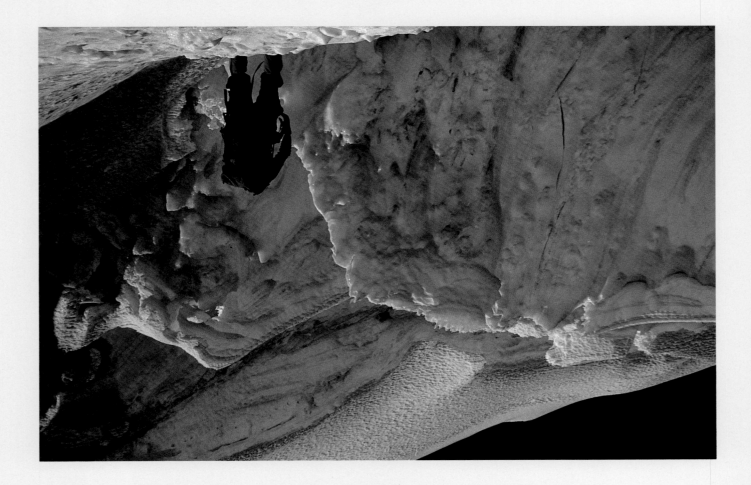

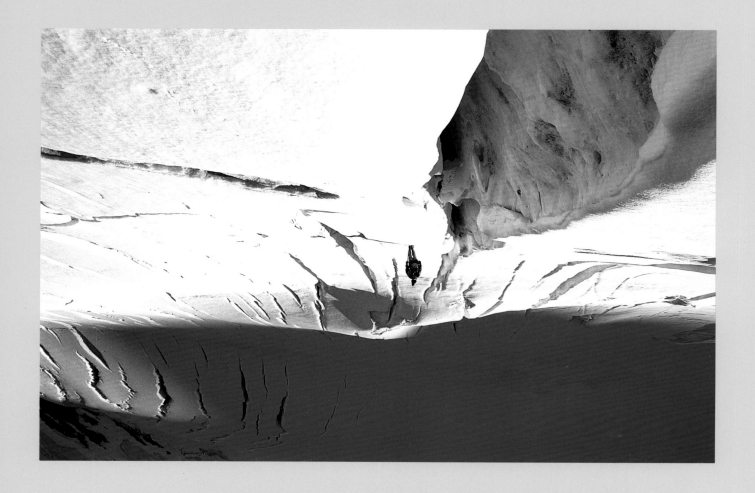

Pico Ritacuba Norte. Sierra Nevada del Cocuy, Boyacá.

Pico Central, Nevado del Huila.

Nevado del Huila. / Descenso Pico Toti. Sierra Nevada del Cocuy, Boyacá. / Páginas siguientes, Descenso Pico La Reina. Sierra Nevada de Santa Marta.

TEN LA MIRADA fija en la vía de la cumbre, pero no olvides mirar a tus pies. El último paso depende del primero. No creas haber llegado porque veas la cima. Presta atención a tus pies, asegura tu próximo paso, pero que ello no te distraiga del objetivo más alto. El primer paso depende del último.

RENE DAUMAL

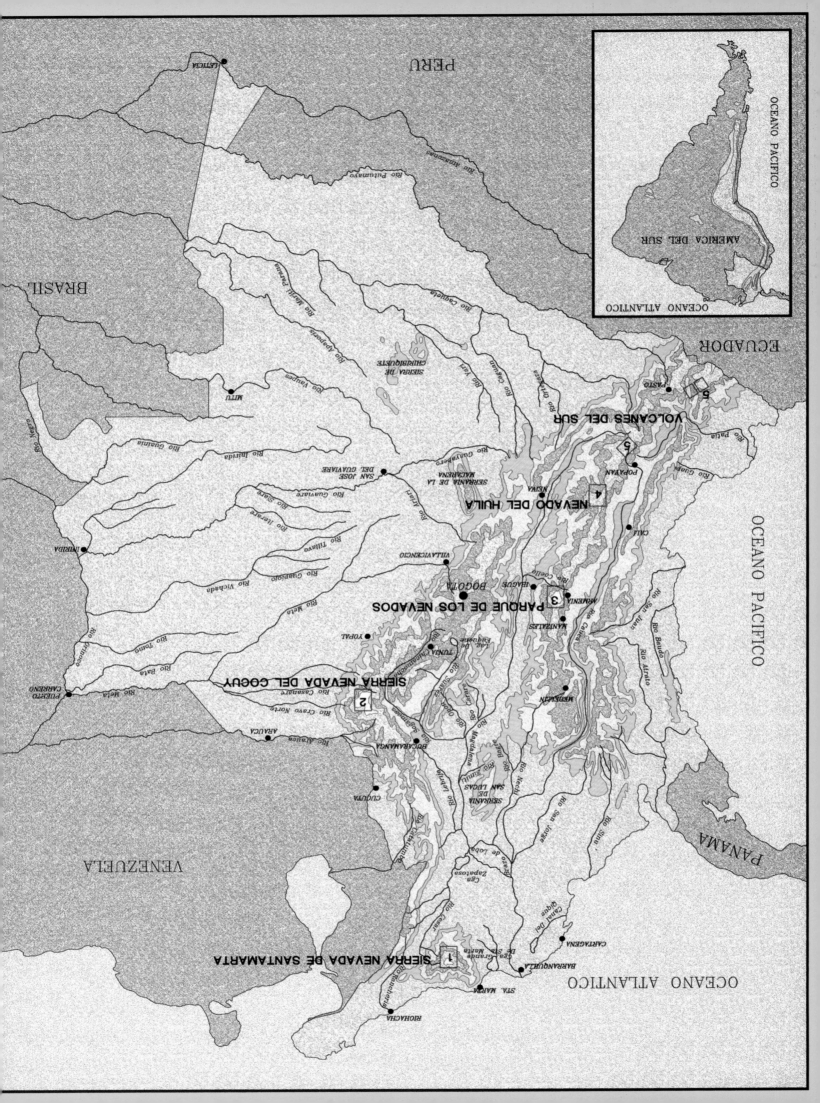

ALTA COLOMBIA

SIERRA NEVADA DE SANTA MARTA

CONVENCIONES

CARRETERA
CARRETEABLE
CAMINO, SENDERO
RIO, QUEBRADA
LAGUNA
PANTANO
CURVA DE NIVEL 500m
CURVA DE NIVEL 100m
CRATER
LIMITE DE GLACIAR
LIMITE DEPARTAMENTAL
CASA
CIMA
ALTO
CAMPAMENTO
BOQUERON, PASO

0 1 2 3 4km

Nabusímake
San José
Alto De La Cruz
Cuchilla Cimariguaca
Río Ingulando o San Sebastián
Cerro Sograma
Cerro Fundayuchu
Alto Dundura
Alto Bumbana
Alto Cuisarueguaca
Cuchilla Republicana
Cuchilla Monoaeca
Río Ingulando o San Sebastián
Río Curma
Alto Sosada
Alto Purinakgo
Alto Chocoruque
Durrimeina
Choco Ragua
Cuchilla Dinaue
Cerro Inoanchinunuyvaricas
Alto Canchipouaxa Boricuque
Balcón De Bella Vista
Cuchilla Chimprungaso
Pico Curueca
Lazos Quirinimeina
Laguna Campirumeina
Laguna Javeluina
Laguna Punameina Grundia
Laguna Mamabonunca
Río Mamabonunca
Mamabonunca
Maraboaohunue
Alto Iceyanenaca
Laguna Tibapobeaca
Marinchunue
Cerro Leschal
Cerro Gurcanapunanahige
Cerro Cabelaeca
Laguna Tibioahuya
Cuchilla de Palma
Río Chuni
Cuchilla Oueibaca
Laguna Gerahía
Laguna Tibeemahpro
Laguna Ainacuandna
Laguna Spilano
Laguna Charquel De Chocouareba
Valle Del Cóndor
Cerro Nuboba
Laguna Tisqueo
PICO PATRONA GUARDIAN 6.100
PICO 5.588
Bosque Del Helleconera
NEVADO PARPLEX 6.000
PICO LA REINA 5.570
PICO IKL 5.310
Paso De San Cristóbal
PICO OSPINA 5.585
PICO CODAZZI 5.390
PICO TULIO OSPINA 5.370
Lagunas Del Sol
PICO SANTANDER 5.540
PICO BOLIVAR 5.770
PICO RUIZ ERAZO 5.790
PICO COLON 5.770
PICO SIMMONDS 5.400-5.675
PICO NEVA 5.180
PICO PONIENTE II 5.280
PICO RUIZ WILCHES 5.090
PICO MENDIRAS 5.090
PICO PARRA VILLERAS 5.090
Cuchilla De Nuaca
Laguna Laguna

A Donachui
A Sogrome
N=1.697.500

ALTA COLOMBIA
SIERRA NEVADA DEL COCUY
②

CONVENCIONES

CARRETERA	
CARRETEABLE	
CAMINO, SENDERO	
RIO, QUEBRADA	
LAGUNA	
PANTANO	
CURVA DE NIVEL 500m	4500
CURVA DE NIVEL 100m	
CRATER	
LIMITE DE GLACIAR	
LIMITE DEPARTAMENTAL	
CASA	▪
ALTO	+
CIMA	▲
CAMPAMENTO	
BOQUERON, PASO	)(

0 1 2 3 4km

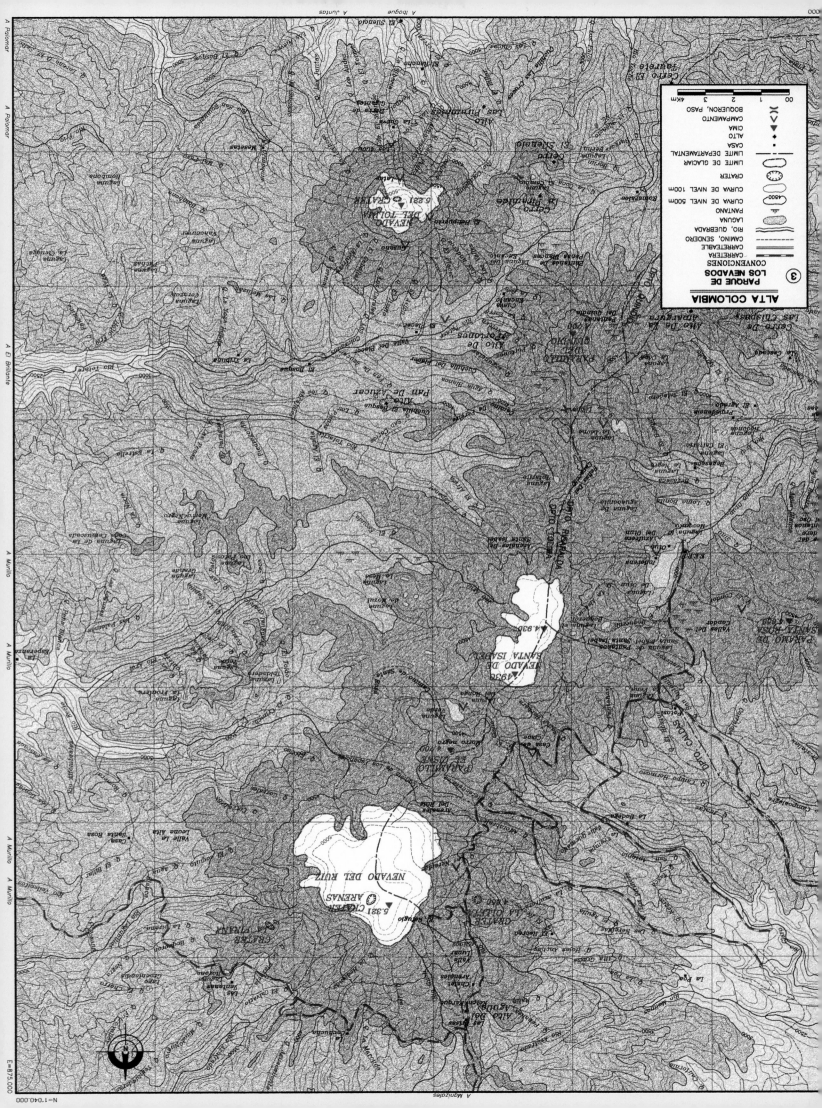

ALTA COLOMBIA — PARQUE DE LOS NEVADOS

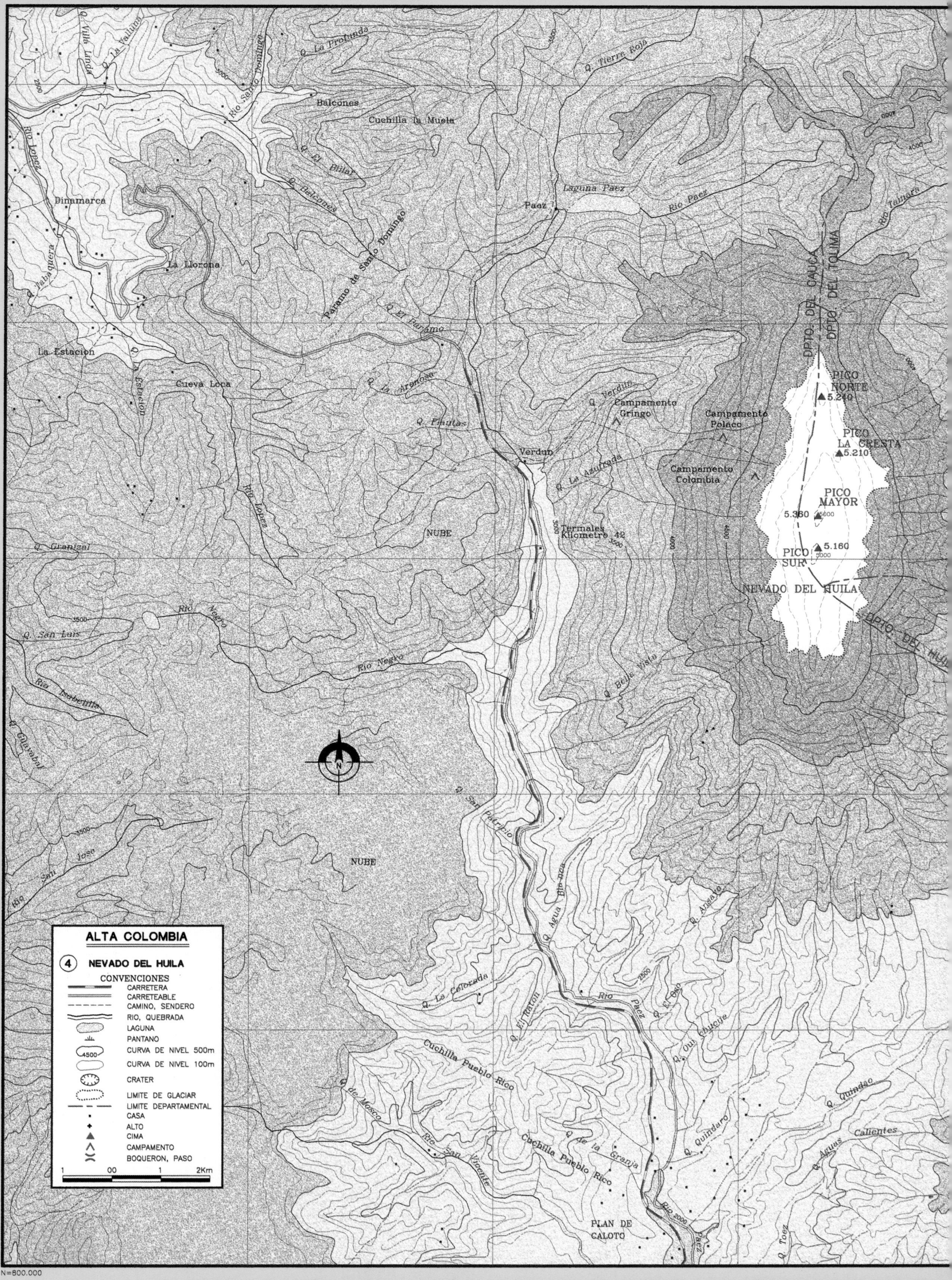

ALTA COLOMBIA

(4) NEVADO DEL HUILA

CONVENCIONES

- CARRETERA
- CARRETEABLE
- CAMINO, SENDERO
- RIO, QUEBRADA
- LAGUNA
- PANTANO
- CURVA DE NIVEL 500m (4500)
- CURVA DE NIVEL 100m
- CRATER
- LIMITE DE GLACIAR
- LIMITE DEPARTAMENTAL
- CASA
- ALTO
- CIMA
- CAMPAMENTO
- BOQUERON, PASO

1 00 2Km

NEVADO DEL HUILA

PICO NORTE ▲5.240
PICO LA CRESTA ▲5.210
PICO MAYOR 5.360 / 5600
PICO SUR ▲5.160

DPTO. DEL CAUCA
DPTO. DEL TOLIMA
DPTO. DEL HUILA

Dinamarca
La Llorona
La Estacion
Cueva Loca
Balcones
Cuchilla la Muela
Laguna Paez
Paez
Rio Paez
Rio Tamara
Campamento Gringo
Campamento Polaco
Campamento Colombia
Verdun
NUBE
Termales Kilometro 42
Rio Lopez
Rio Santo Domingo
Paramo de Santo Domingo
Q. Villa Linda
Q. La Yalinga
Q. La Profunda
Q. Tierra Roja
Q. El Bular
Q. Balcones
Q. El Paramo
Q. la Arenosa
Q. Flautas
Q. Verdun
Q. La Azufrada
Q. Belle Vista
Q. Granizal
Q. San Luis
Rio Isabrilla
Q. Guayabal
Rio San Jose
Rio Negro
Q. San Patricio
Q. Agua Blanca
Q. La Colorada
Q. El Raton
Q. de Meso
Q. de la Granja
Rio San Vicente
Cuchilla Pueblo Rico
Rio Paez
Q. El Oso
Q. Angato
Q. Quichicho
Q. Quindero
Q. Quindac
Q. Aguas Calientes
Q. Taez
Aguas Calientes
PLAN DE CALOTO
Rio 2000

t = 1'110.000
N=800.000

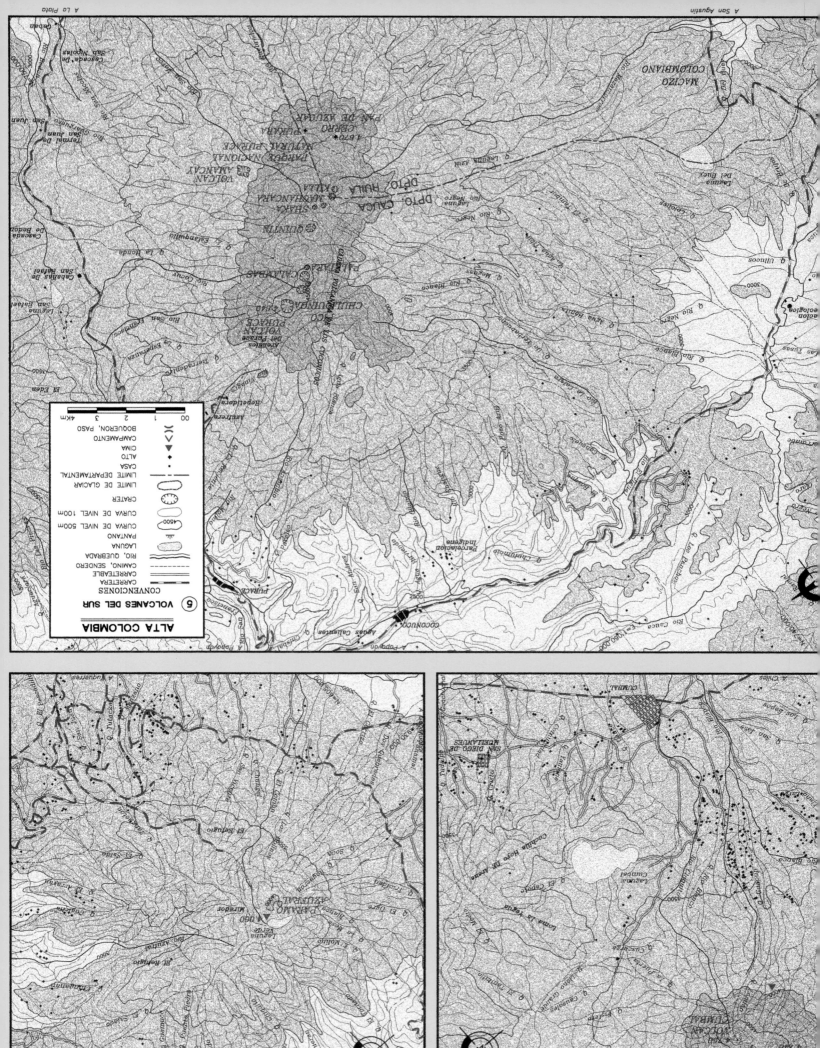

Pelbe, el Nudo Infinito, es uno de los ocho símbolos de la suerte. Representa
la interminable cadena de la reencarnación y el carácter ilusorio del tiempo.
También se denomina nudo de la vida o del amor.